Una rara combinación de humil[...] [...]
libro para devolver la salud espiri[...]

— CONRAD MBEWE, PASTOR, IGLESIA BAUTISTA DE KABWATA

Es mi oración que este libro no solo sirva para desenmascarar el error, sino también para proteger a las personas que podrían ser arrastradas a él.

— JOHN MACARTHUR

Un auténtico tesoro para los que se preguntan qué hacer con los predicadores que nos prometen salud y riqueza ahora, simplemente por creerlo.

— MARK DEVER, PASTOR, IGLESIA BAUTISTA DE CAPITOL HILL

Enseña la verdad bíblica de la gracia transformadora de Dios en Cristo que puede cambiar vidas para siempre.

— H. B. CHARLES JR., PASTOR-MAESTRO, IGLESIA BAUTISTA METROPOLITANA DE SHILOH

Un escalofriante relato de cómo el autor escapó del oscuro mundo del evangelio de la prosperidad para encontrar la verdad bíblica.

— STEVEN J. LAWSON, PRESIDENTE DE ONEPASSION MINISTRIES

Examina con gracia el evangelio de la prosperidad de una manera que resulta clara y útil para quien no conozca bien ese movimiento.

— SUMMER JAEGER, PRESENTADORA DEL PODCAST SHEOLOGIANS

Terminamos este libro de lectura compulsiva tan alentados como iluminados. Un testimonio de gracia que exalta al Dios que salva.

— OWEN STRACHAN, AUTOR DE *Always in God's Hands* y *Awakening the Evangelical Mind*

Costi es un pastor bondadoso y amable que ama a sus ovejas. Al leer este libro, recíbelo como la voz de alguien que se preocupa por ti.

— TODD FRIEL, ESCRITOR; PRESENTADOR DE *Wretched TV and Radio*

Un refrescante y atractivo recordatorio de que la mayor bendición que podríamos recibir ya la tenemos en el evangelio de Cristo.

— JARED C. WILSON, PROFESOR ASISTENTE, SPURGEON COLLEGE

Esta aleccionadora advertencia es también una súplica amorosa y compasiva para los que están atrapados en el evangelio de la prosperidad. Recomiendo con entusiasmo este libro.

—JUSTIN PETERS, EVANGELISTA Y APOLOGISTA, JUSTIN PETERS MINISTRIES

Nada menos que un relato estremecedor de un hombre que anduvo en la oscuridad, pero que ha venido a la luz.

—JEFF ROBINSON, EDITOR JEFE, THE GOSPEL COALITION

No solo diagnostica la enfermedad del falso evangelio que ha infestado la iglesia, sino que también ofrece la cura.

—DR. RICHARD BARGAS, DIRECTOR EJECUTIVO, IFCA INTERNATIONAL

Es un retrato del evangelio de la prosperidad que rara vez se ve. Un relato claro del verdadero evangelio de Jesucristo.

—DAWAIN ATKINSON, PRESENTADOR Y FUNDADOR
DE THE B.A.R. PODCAST NETWORK

Un manual útil sobre el evangelio de la prosperidad. La combinación perfecta de testimonio, enseñanza y consejos probados y verdaderos para ministrar a quienes están atrapados en la enseñanza no bíblica.

—MICHELLE LESLEY, BLOGUERA SOBRE DISCIPULADO
DE MUJERES, ESCRITORA Y CONFERENCISTA.

Costi ha presentado maravillosamente la historia de su salvación del mundo del evangelio de la prosperidad. Pido a Dios que muchas personas lean este libro.

—BROOKS BUSER, PRESIDENTE, RADIUS INTERNATIONAL

Te abre los ojos, honra a Dios, es bíblicamente preciso, honesto y lleno de gracia. Es una lectura obligatoria para todo cristiano.

—BARRY L. CAMERON, PASTOR, CROSSROADS CHRISTIAN CHURCH

Costi escribe con una cruda honestidad y sin ánimo de venganza personal, y presta un enorme servicio a la iglesia.

—CORY M. MARSH, PROFESOR ASISTENTE, SOUTHERN CALIFORNIA SEMINARY

DIOS, LA AVARICIA Y EL EVANGELIO (DE LA PROSPERIDAD)

DIOS, LA AVARICIA Y EL EVANGELIO (DE LA PROSPERIDAD)

CÓMO LA VERDAD DESMORONA UNA VIDA CONSTRUIDA SOBRE MENTIRAS

COSTI W. HINN

 Vida®

La misión de Editorial Vida es ser la compañía líder en satisfacer las necesidades de las personas con recursos cuyo contenido glorifique al Señor Jesucristo y promueva principios bíblicos.

DIOS, LA AVARICIA Y EL EVANGELIO DE LA PROSPERIDAD
Edición en español publicada por
Editorial Vida – 2019
Nashville, Tennessee

Originally published in the U.S.A. under the title:
God, Greed, and the (Prosperity) Gospel
Copyright © 2019 por Costi W. Hinn
Published by permission of Zondervan, Grand Rapids, Michigan 49530.
All rights reserved.
Further reproduction or distribution is prohibited.

Editora en Jefe: *Graciela Lelli*
Traducción: *Juan Carlos Martín Cobano*
Adaptación del diseño al español: *Setelee*

ISBN: 978-0-82976-989-0

CATEGORÍA: Religión/ Vida Cristiana/ Crecimiento espiritual

IMPRESO EN ESTADOS UNIDOS DE AMÉRICA
PRINTED IN THE UNITED STATES OF AMERICA

HB 07.18.2019

Dedicado a mi esposa, Christyne, y a
nuestros hijos. Este libro es una «piedra
conmemorativa»» de la gracia inmerecida de
Dios sobre nosotros. Mi deseo es que estemos
siempre determinados a no ser más que
siervos humildes, fieles y dignos de confianza
del cuerpo de Cristo. A Dios sea la gloria.
Estamos gozosos.

Declaración de responsabilidad financiera

En un esfuerzo por actuar con transparencia e integridad, permítanme decir lo obvio: técnicamente, un libro que habla en contra del evangelio de la prosperidad gana dinero a partir del evangelio de la prosperidad. Por tanto, estoy convencido de que aquí es apropiado decir algo sobre el uso de las regalías. Tengo la intención de usar los ingresos de este libro para financiar educación y recursos teológicos para pastores y líderes que han sufrido la explotación del evangelio de la prosperidad. Oro para que este proyecto dé más de lo que recibe. Que tenga la bendición de ser una bendición.

Contenido

Contenido

Agradecimientos

Un proyecto como este no es un esfuerzo en solitario. He tenido un apoyo tremendo por parte de personas que me han acompañado a lo largo del camino.

Estoy agradecido por mi esposa, Christyne. Ella ha estado fielmente a mi lado, ha sido una guerrera de oración constante y me ha amado sin condiciones en mis momentos de duda y desesperación. Es la mejor compañera de equipo que Dios podría haberme dado. Su ojo agudo y constructivamente crítico ha sido un activo a lo largo de este proyecto, y su voluntad de sacrificar nuestro día libre a la semana me permitió escribir fuera de mi horario regular de trabajo para nuestra iglesia. No escribí este libro en la iglesia, cuando se esperaba que hiciera mi trabajo. Ella entendió el panorama y creyó que valdría la pena el sacrificio. Christyne es mi joya de la corona (Pr 12.4).

Además, no estaría donde estoy hoy sin nuestra familia de la iglesia. Los ancianos y miembros de la Mission Bible Church han orado por nosotros, nos han apoyado y nos han animado en cada paso del camino. Estoy agradecido por el pastor de enseñanza Anthony Wood, quien me dio mi primer trabajo en el ministerio del «evangelio de la no prosperidad», y luego me discipuló. Antes de empezar el seminario, me regaló tres generaciones de libros teológicos, mi primera biblioteca, de su abuelo (Ralph), que era pastor, de su padre (Gene), que era pastor, y de su propia colección. Esto me permitió aprender verdades históricas en las que los cristianos fieles a la Biblia han confiado durante milenios. Tengo una deuda de gratitud con la familia Wood por su sacrificio desinteresado durante más de siete años.

Muchísimos amigos han ayudado a que este proyecto se haga realidad. Fue el doctor Owen Strachan, mi amigo y profesor del Seminario Teológico del Medio Oeste, quien me llamó una soleada tarde californiana y me exigió cordialmente: «¡Tienes que escribir un libro y ayudar a la gente con este tema!». Estoy agradecido por su pasión por la verdad. Erik Wolgemuth se ha convertido en un aliado de confianza y, sin su experiencia y orientación, este proyecto no habría llegado tan lejos. Sobre todo, da prioridad al evangelio. No puedo imaginarme asociándome con nadie más para publicar libros. Mi editora, Carolyn McCready y todo el equipo de Zondervan son héroes por estar dispuestos a enfrentarse al evangelio de la prosperidad y publicar este libro. Su guía ha sido magnífica. Con tanta corrupción en el mundo actual, esta generación necesita un editor como «Z» que publique material que nos rescate y nos inspire a tener esperanza.

También quiero darte las gracias a ti, lector. Te has arriesgado a comprar el libro, y te lo agradezco. No sé cuáles son las expectativas, o posiblemente las cargas, que tienes al leerlo, pero confío en que Dios te inspire en las páginas que siguen.

Sobre todo, estoy agradecido a mi Señor y Salvador, Jesucristo, por haber salvado mi vida. Estaba en una carrera de sórdidas ganancias y explotación hasta que él se inclinó y me sacó de la miseria que yo creía que era un sueño. He decidido seguir a Cristo. No vuelvo atrás, no vuelvo atrás.

Prefacio

El corazón del autor

Si los pecadores son condenados, al menos
que salten al infierno por encima de nuestros
cadáveres. Y, si perecen, que perezcan con
nuestros brazos agarrados a sus rodillas,
rogándoles que se queden. Si se tiene que
llenar el infierno, que se llene a pesar de
nuestros esfuerzos, y no permitamos que
nadie se quede sin ser advertido y sin que se
ore por él.

—CHARLES SPURGEON

Hace poco, tuve la oportunidad de estar junto a uno de mis héroes.
Al doctor Steven J. Lawson probablemente no le gusta que yo elija
esas palabras porque no se ve a sí mismo como un héroe, pero,
cada vez que comparto la historia de cómo dejé el evangelio de la
prosperidad, sus consejos resuenan en mis oídos.

«Es bueno contar tu testimonio —explicó—. El apóstol Pablo
lo hizo. Muchos otros también han contado su testimonio. Puede
ser útil. Pero no seas una de esas personas que hacen que el pecado
parezca tan bueno que la gente quiera salir y cometerlo».

Su voz se elevó con pasión: «¡Y hay que señalar a Cristo y glorificar a Dios! Contar historias por el bien de la narración no sirve de mucho. El evangelio debe ser el centro».

Me sonrojé, agaché la cabeza y de repente sentí mi cuello demasiado rígido. En ese momento, resolví en mi corazón: «Este libro sobre el evangelio de la prosperidad tiene que ser inspirador. Tiene que ser veraz. Pero, sobre todo, tiene que glorificar a Dios y comunicar el evangelio».

Este libro se ha escrito con ese propósito en mente. La gloria de Dios es el fin principal del testimonio de todo cristiano. Los que han sido redimidos hablan del Redentor y advierten de los peligrosos desvíos que conducen a las tinieblas. Este puede ser mi testimonio, pero tiene un propósito mucho mayor que yo. Comparto detalles íntimos sobre la vida de la que fui salvado para que tú también puedas ser salvado o ayudar a salvar a otros. Aun así, no es mi testimonio lo que te salvará. Solo el verdadero evangelio tiene ese poder (Ro 1.16). Esta, en última instancia, es una historia sobre aquel que puede liberar a cualquier alma de la esclavitud del engaño. Se trata del Dios de la gracia, cuyos propósitos y planes son irrevocables y que me aceptó con misericordia incluso después de que yo hubiera manchado su nombre por avaricia. Este libro trata sobre el mandato a la iglesia de ser sal y luz en toda la tierra y de defender la verdad cuando se representa falsamente a Jesucristo como una mercancía. Hay mucho trabajo por hacer. Dios puede salvar, y salva, incluso al pecador más acérrimo. También utiliza a las personas para marcar la diferencia. ¿Estarás listo cuando él decida usarte en su plan de salvación? Tal vez seas tú quien necesite cambiar. O tal vez seas tú quien ayude a otros a cambiar.

Mientras recorremos juntos estas páginas, prometo ser brutalmente honesto. Aunque estaré dando nombres y denunciando el pecado, me mantendré bíblico en ese enfoque. Quizás seas un cristiano que se ha sentido afectado por la injusticia de los predicadores de la prosperidad y has tomado este libro en busca de respuestas. Si es así, prometo responder a tus preguntas más apremiantes.

Estas son algunas cosas más que debes saber:

Escribo para el lector medio. He escrito en revistas, he publicado numerosos blogs y he sido coautor de trabajos de investigación académica dirigidos a cristianos que conocen bastante acerca de su fe. Pero este libro no va a contener capítulos interminables sobre las raíces históricas y teológicas de la teología de la prosperidad. Tampoco encontrarás cientos de notas a pie de página con los trabajos académicos que he usado para respaldar cada declaración. Hay mejores autores y estudiosos que han escrito libros de texto sobre este tema, y recomiendo encarecidamente a uno de ellos si quieres adentrarte en los resquicios históricos de este peligroso sistema de creencias. En vez de eso, he escrito mi historia con puntos de enseñanza bíblica a lo largo del camino para ayudarte a entender la verdad.

Han llegado a mi mesa críticas constructivas de ambos lados de la ecuación. Algunos me han dicho: «Costi, este libro tiene que ser más teológico. Las historias no salvan a la gente». Otros dicen: «Costi, la gente que es engañada no entiende la teología. Tienes que relacionarte con ellas solo con tus historias personales». La verdad es que hay teología en este libro, y hay historias. Pero ninguna de las dos partes quedará plenamente satisfecha, por lo que siempre necesitaremos más libros sobre los temas en cuestión.

Estoy en una operación de rescate. Hay millones de personas que necesitan ser salvadas del engaño del evangelio de la prosperidad como lo fui yo. Estoy tratando de llegar a ellas, a la vez que inspiro a otros a llegar a ellas también. Quiero que la gente vea que el evangelio de la prosperidad es condenatorio y abusivo. Explota a los pobres y arruina las vidas de las personas más vulnerables. Este libro es exactamente lo que yo diría si un confuso seguidor del evangelio de la prosperidad viniera a mi casa y se sentara con mi esposa y conmigo en la mesa de la cocina durante varias horas o si un cristiano curioso me preguntara: «¿Entonces por qué te alejaste de esa vida?». También es lo que yo diría si alguien viniera preguntando cómo marcar la diferencia. Descubrirás cómo es la vida en el mundo del evangelio de la prosperidad, cómo salí y cómo puedes ayudar a otras personas a salir.

No estoy enojado con mi familia. Amo al clan Hinn con todo mi corazón. Mi padre es un hombre cariñoso, generoso y lleno de amor. Mi madre es una mujer hospitalaria, cariñosa y leal. Como toda familia, hemos tenido nuestros problemas y desacuerdos, pero durante toda mi vida no han hecho otra cosa que esforzarse por amarme como hijo. Mis hermanas son mujeres increíbles que acuden en mi ayuda al ver un mensaje de texto angustioso. Cada uno de mis tíos y tías me ha tratado como a un hijo desde que nací. Mi tío Benny siempre me apoyó, fue generoso sin medida, y nunca me ha ofendido a la cara, ni siquiera en medio de mi oposición a la teología que él ha propagado.

Permítanme repetir lo que ya he dicho de otra manera. Este libro no es una campaña de difamación ni una cruzada vengativa. Este libro no tiene nada que ver con la venganza. Se trata de la verdad. Se trata de la lealtad a Jesucristo y al verdadero evangelio. No se puede pasar por alto, sin embargo, que un posicionamiento público a favor del evangelio no estará exento de controversia y dolor. Algunas relaciones en la familia se han visto tensionadas porque algunos miembros se niegan a caminar en la verdad. No importa el precio, el verdadero evangelio es siempre más importante que complacer a las personas.

No estoy juzgando la salvación de nadie ni su destino final. Este libro no es un juicio sobre las almas de los que están atrapados en el engaño del evangelio de la prosperidad o de quienes lo predican. Mientras estén vivos, cualquiera puede arrepentirse de sus pecados y ser cambiado por el poder de Dios. Sin duda habrá quien diga: «¿Quién eres tú para juzgar a otro? Céntrate en ti mismo. Solo Dios puede juzgar». A ellos los remito a las palabras de Jesús y del apóstol Pablo.

Jesús advirtió a los fariseos hipócritas: «No juzguéis, para que no seáis juzgados. Porque con el juicio con que juzgáis, seréis juzgados, y con la medida con que medís, os será medido» (Mt 7.1-2).[1] El significado del texto es exactamente lo que expresa: como juzgas es como serás juzgado. Si lo aplicamos a este libro, significa que, si estoy predicando el evangelio de la prosperidad al mismo tiempo que me enfrento a él, soy un hipócrita. Si alguna vez vuelvo a predicar el evangelio de la prosperidad, debo ser (y seré) juzgado de la misma manera que estoy juzgando a los que lo predican. Jesús advirtió a los fariseos que no juzgaran porque estaban juzgando con un espíritu hipócrita, esa es una manera peligrosa de proceder. Una cosa es ser un pecador que se aleja del pecado (todos debemos hacerlo). Otra cosa es estar denunciando

---

1. El siguiente artículo ofrece un análisis más profundo del tema de juzgar en relación con este pasaje y otros, como Lucas 6.37. Desde el punto de vista bíblico, es necesario analizar las enseñanzas de todos los pastores (Hch 17.11) y compararlas con las Escrituras. Un veredicto sobre sus enseñanzas no significa un veredicto sobre sus almas. Ver Jeremiah Johnson, «Frequently Abused Verses: Is Judgment Always Forbidden?», https://www.gty .org/library/blog/B150916/frequently-abused-verses-is-judgement-always-forbidden (acceso obtenido 22 marzo 2019).

los pecados de los demás mientras tú sigues haciendo lo mismo que denuncias.

Segundo, cuando Pablo estuvo lidiando con una situación inmoral en una iglesia, explicó que juzgar dentro de la iglesia es parte de la forma en que nos rendimos cuentas los unos a los otros. Escribe: «Porque ¿qué razón tendría yo para juzgar a los que están fuera? ¿No juzgáis vosotros a los que están dentro? Porque a los que están fuera, Dios juzgará. Quitad, pues, a ese perverso de entre vosotros» (1 Co 5.12-13). Dios tendrá la última palabra acerca de los que predican el evangelio de la prosperidad, y la Biblia deja claro que no será agradable. Ahora, estamos llamados a decir la verdad, a proteger a las personas del daño y a orar por sus almas. Eso es amor.

Espero que hagas algo con respecto a esta injusticia contra el evangelio. Sin miramientos, este libro es un llamado a la acción. Ya sea que te identifiques como un no cristiano que cree en la justicia moral o seas un cristiano que necesita oponerse a este falso evangelio, quiero inspirarte para que actúes. Cada uno de nosotros ha sido bendecido con una esfera de influencia, y tenemos el poder de usarla para ayudar a otros. No hace falta mucho si todos cumplimos con nuestra parte. Algunos de nosotros tenemos que hablar sobre el tema y aceptar la controversia que conlleva. Otros necesitan despertar y darse cuenta de que hay un problema. El evangelio de la prosperidad a menudo pasa desapercibido, y en muchos lugares es ignorado como una religión marginal. Pero, ¿saben qué? Es una corriente mayoritaria, y está dañando a mucha gente dentro y fuera de la iglesia hoy en día. Millones de enfermos y pobres están siendo atacados en el tercer mundo por «pastores». Los pastores verdaderos deben estar dispuestos a defender la verdad, y la gente debe exigir que digan la verdad. Desde los medios de comunicación más importantes hasta las iglesias de los países pequeños, cumplamos nuestra parte.

Este engaño no es nada nuevo. Incluso en la iglesia primitiva había quienes buscaban distorsionar el cristianismo y tergiversar el evangelio para beneficio personal. La falsa enseñanza siempre ha sido una estrategia del diablo para confundir a la gente y distorsionar el evangelio de Cristo (Gá 1.8). No nos sorprendamos por esto. Es más, no dejes que este sea un libro más sobre un desafío que la iglesia está encarando. Unámonos a las filas de aquellos que mucho antes que nosotros fueron fieles para defender la verdad y hacer algo al respecto. Te animo y estoy contigo en esta batalla por la verdad.

Entonces, ¿estás listo? Acompáñame a las profundidades del evangelio de la prosperidad y ve por ti mismo si es un regalo de Dios que puede hacernos ricos a todos o un arma para los codiciosos y charlatanes. Acompáñame en la delgada línea entre la verdad y el error y observa la destrucción que se avecina y la gran misericordia que hay en la mano de Dios. Hay mucho que aprender.

Déjame contarte sobre Dios, la avaricia y el evangelio de la prosperidad.

Crecer siendo un Hinn

Soy una muestra de Jesús.
Soy un superser.
—BENNY HINN

—¡Costi! ¡Ven acá ahora mismo!

Con una sacudida, me volví rápidamente para mirar detrás de mí. Estaba en la sala verde en la cruzada de sanidades, a pocos centímetros del tazón de Cheez-Its, con intenciones de engullirlos a puñados. Pero me pillaron. Era mi padre el que gritaba, y estaba furioso.

—Oral Roberts está a punto de irse, y está esperando para imponerte las manos! ¿Qué haces aquí otra vez? ¡El poder de Dios está a punto de caer! ¡Date prisa —ordenó. Mientras corríamos por el pasillo del estadio, la regañina continuó—: Esta es una oportunidad única en la vida para que el más grande hombre de Dios aparte de tu tío ore por ti. Que no vuelva a suceder.

Yo era solo un adolescente desgarbado que disfrutaba de unas vacaciones gratis y trataba de llevarse algo a la boca durante el culto de sanidades de cuatro horas que mi tío, Benny Hinn, estaba llevando a cabo, pero mi padre tenía otros planes. No era fácil soportar todo el servicio sin colarse en la sala verde que estaba disponible para los miembros del personal. La gente allí siempre era muy amable y me gustaba estar en esa sala mucho más que en el estadio lleno de cantos, gritos, peticiones de ofrendas y mandamientos de orar en lenguas.

Durante el servicio, todos los que trabajaban en la cruzada como empleados o voluntarios caminaban como si pisaran cáscaras de huevo. Incluso si los asistentes eran sorprendidos moviéndose en momentos clave, no era raro que mi tío regañara a la multitud: «¡No te muevas! Shhhh... El Espíritu Santo está aquí. ¡No lo contristes!». Si sorprendían a un miembro del personal o a un voluntario, no era nada agradable. No importa cuánto durara el servicio, nunca querías que te atraparan moviéndote y siendo una distracción, porque creíamos que Satanás usaba las distracciones para hacer que la gente se perdiera su curación o su toque de Dios. ¿Que no prestas atención? Pues Jesús pasará de largo.

Esa noche me había escabullido por el lado izquierdo del escenario. El tío Benny giró la cabeza para hablar al lado derecho del estadio y yo me levanté de mi asiento tan rápido que nadie supo que había estado allí. Nada podría interponerse entre la sala verde y yo. O eso pensaba.

Lo que recuerdo después de ser sorprendido in fraganti es a mi padre llorando más fuerte de lo que jamás había visto a nadie llorar cuando un frágil y viejo telepredicador puso su enorme mano sobre mi cabeza y murmuró algo sobre el favor, la unción, lo milagroso y las bendiciones. Entonces ya estaba hecho. «¡De acuerdo! —pensé—. Ahora que esto ha terminado, volvamos a la sala verde». Mientras caminaba de regreso al recinto con mi padre, me dijo que la grandeza del momento que acababa de vivir se haría evidente en los años venideros. La unción especial en mi vida estaba establecida, sellada, y seguramente produciría abundantes bendiciones. Iba a ser un hombre muy sano, rico y feliz. «Adelante, Señor, ¡estoy listo cuando quieras!».

Lazos familiares

Aunque el apellido Hinn ha llegado a asociarse con los servicios de sanidades y el evangelio de la prosperidad, no siempre fue así. El evangelio de la prosperidad y los sistemas de creencias de sanidad por la fe representan a solo unos pocos individuos dentro de toda la familia, y la nuestra es inmensa. Muchos miembros de la familia Hinn tomaron una dirección completamente diferente en la vida. Incluso hoy en día, hay Hinn que trabajan duro y honran a Dios y que son íntegros en todo lo que hacen. Algunos manejan negocios exitosos y trabajan para grandes compañías. Otros han trabajado en puestos de alto nivel con el gobierno local y la seguridad nacional de Estados Unidos. Otros han donado cientos de miles de dólares a los pobres, sin esperar nada a cambio. La mayoría nunca ha ganado un dólar que no haya conseguido honestamente. Por desgracia, nuestra familia no ha salido en las noticias principalmente por ganar un salario honesto o por ayudar a los pobres. Si estás leyendo esto, es probable que hayas llegado a conocer el apellido Hinn por las razones equivocadas.

Mi padre creció en Jaffa, Israel. El árabe fue el primer idioma de la familia, y un hogar pequeño pero cariñoso fue el centro de la vida y la felicidad de la familia. Mi abuelo griego, Costandi (Costi) Hinn, a quien le debo mi nombre, trabajaba en un departamento del gobierno local y era muy respetado. Se han hecho afirmaciones falsas sobre su condición de alcalde de Jaffa; no lo fue. Mi abuela armenia, Clemance Hinn, era un ama de casa que podía dejarte en coma por empacho durante días. Era la mujer más cariñosa y una madre devota, y, hasta su muerte en 2016, sus puertas estaban abiertas a todos (¡siempre y cuando se quedaran a comer!). Las creencias religiosas de la familia Hinn eran incondicionalmente ortodoxas griegas, aunque eran más culturales que nada. Visité el barrio donde se crio mi padre cuando era niño y hasta el día de hoy la gente allí cuenta historias sobre la amabilidad y el amor del hogar de los Hinn. Pero no todos los niños de la casa Hinn sintieron ese amor.

Con una envergadura de alrededor de un metro ochenta y noventa kilos, mi abuelo Costi tenía una fuerte ética de trabajo, una visión obrera de la vida y el aspecto de Clark Gable. Era un hombre de verdad. Esperaba que sus seis hijos se comportaran como hombres, y sobre todo que su hijo mayor poseyera cierto nivel de entereza para establecerse como alguien respetado. Esto es normal en la cultura de Oriente Medio. Como mínimo, se espera que el hijo mayor haga que su padre se sienta orgulloso. No tiene que ser rico. No tiene que ser famoso. Solo tiene que hacer algo respetable.

Esta expectativa resultó problemática para mi tío Benny, porque era retraído y tartamudeaba, era mucho más femenino que los otros muchachos y hacía afirmaciones descabelladas que eran consideradas como tonterías de colegiales. Una de sus afirmaciones más conocidas fue que, cuando tenía once años, Jesús se le apareció físicamente en su cuarto y le reveló que algún día estaría en el ministerio.

Mi abuelo Costi, sin embargo, no estaba impresionado con Benny, su hijo mayor. Costi le decía: «De todos mis hijos, tú, Toufik [su verdadero nombre es Toufik Benedictus Hinn], no llegarás a nada». Esto machacó el joven corazón de Benny. Pensaría: «¡Sí, llegaré lejos!». Hasta el día de hoy, mi tío Benny ha dejado claro que las palabras de su padre lo lastimaron y motivaron su deseo de tener éxito en la vida. En la raíz de todo este drama familiar hay algo: un padre que quería que su hijo trabajara duro y ganara un salario honesto, y un hijo que se sintió rechazado por su padre y se propuso demostrarle que estaba equivocado.

Guerra, paz y pobreza

En 1967 estalló la Guerra de los Seis Días y alcanzó nuevas cotas el conflicto árabe-israelí. Explotaron tantas bombas cerca de la casa de la familia Hinn que a menudo tenían que refugiarse en búnkeres subterráneos. En un acto sabio y protector, mi abuelo Costi encontró un padrino en Norteamérica y, en julio de 1968, la familia —Costi, Clemance y sus hijos— emigraron a Toronto, Canadá. Por fin habían escapado de la violencia de Oriente Medio, pero surgieron nuevos desafíos. Se produjo un choque cultural y la vida nunca volvería a ser la misma.

Cuando la familia se instaló en su nuevo hogar canadiense en Toronto, Ontario, quedó claro que la vida en el Gran Norte Blanco no iba a ser como la vida en Israel. No hablaban inglés, tenían pocos amigos y estaban hacinados en una casita. Mi abuelo pasó de un empleo fijo en Jaffa a un trabajo en una fábrica en Toronto que le pagaba modestamente y, cuando nació un hijo más, tenía ocho bocas que alimentar. La familia Hinn experimentó lo mismo que muchos inmigrantes. Se dieron cuenta rápidamente de que tendrían que luchar para sobrevivir.

Mi padre y mis tíos se inscribieron en la escuela, donde rápidamente se convirtieron en el hazmerreír de los demás. Debido a que hablaban muy poco inglés, usaban la palabra «hola» como respuesta primaria. «Hola», decía alguien. «Hola», era su simple respuesta. «¿Cómo te llamas?», preguntaba la persona. «Hola... hola... hola... hola», respondían y se retiraban rápidamente. Muchas veces se les acosaba y se burlaban de su origen étnico, por lo que la fuerza en número era sinónimo de supervivencia.

Después de sus luchas en los primeros años, los jóvenes inmigrantes de Oriente Medio entablaron amistades significativas con otros niños inmigrantes y se integraron en sus grupos de iguales. Todos los hermanos, excepto Benny, al que finalmente se dirigió un grupo de alumnos del Instituto Georges Vanier para pedirle que asistiera a una reunión de oración. Tal vez para ser aceptado, Benny fue a la reunión, donde los estudiantes comenzaron a hablar en lenguas. En la época en que se unió al grupo y creyó que se había convertido al cristianismo, comenzó a afirmar que tenía visiones de Jesús.

El resto de la familia Hinn no estaba contenta con ello. Mi abuelo le dejó una cosa muy clara a Benny: «No vinimos a Canadá por motivos religiosos. Vinimos por la paz». La religión de la familia Hinn ya estaba establecida. Éramos una familia ortodoxa griega. Esta versión extrema del cristianismo occidentalizado al que Benny acababa de convertirse no iba a prosperar.

Benny, sin embargo, siguió por su camino, decidido a hacer algo con su vida. No tardó mucho en encontrar su vocación. Mientras el resto de la familia buscaba varios trabajos y formación para establecer unos ingresos estables, su mayor inspiración para una carrera vino de una fuente insólita: una predicadora.

La dama de blanco

Corría el año 1973, en un frío viernes de invierno en Pittsburgh, Pennsylvania, solo unos días antes de la Navidad; el 21 de diciembre, para ser exactos. Un amigo de mi tío Benny, Jim, le había hablado de una mujer que, según él, era la predicadora más ungida que había visto en su vida. Tenía un inmenso poder y un gran talento para conmover al público. A Benny se le despertó la curiosidad y le pareció bien ir a verla. Al ser nuevo en sus creencias y no tener mucha base ni enseñanza sólida, estaba listo para su próxima experiencia espiritual. Lo que ocurrió en las puertas de la Primera Iglesia Presbiteriana de Pittsburg esa mañana cambió el curso de la historia de la familia Hinn para siempre.

Mientras esperaba afuera de la iglesia por casi dos horas, Benny comenzó a temblar descontroladamente, como lo hacía cuando sentía que Dios lo estaba tocando. Finalmente, las puertas se abrieron y él y Jim corrieron por el pasillo y se sentaron. El culto continuó hasta que por fin la mundialmente famosa sanadora de fe Kathryn Kuhlman (1907-1976) apareció con el crescendo de la música. Ataviada con un vestido blanco y holgado, cautivó a la audiencia con testimonios de sanidades y enseñanzas emocionantes que parecían ser mucho más de lo que un cristiano común y corriente podría experimentar. Una y otra vez, señaló a Benny y gritó: «¡No contristes al Espíritu Santo!». Benny sentía como si le hablara directamente a él, y se aferró a cada una de sus palabras mientras ella le enseñaba cosas sobre el Espíritu Santo que él nunca había oído antes.

Después de terminar el servicio y de que el público se marchara, Benny se quedó en el banco durante un buen rato y reflexionó sobre lo que acababa de presenciar. Luego, de regreso a casa en Toronto, en el transcurso de un año, sintió que la presencia de Dios lo visitaba en su cuarto, preparándolo para su ministerio especial. Todos los días durante ese tiempo, se despertaba y decía: «Buenos días, Espíritu Santo», una frase que más tarde se convirtió en el título de su libro más vendido de 1990.[1]

El nacimiento de un ministerio

Después de ver a Kathryn Kuhlman en 1973, Benny Hinn sabía lo que quería hacer el resto de su vida.[2] Pasó varios años ejerciendo su ministerio y, al mismo tiempo, mis abuelos abrazaron el mensaje del cristianismo. Ambos entregaron sus vidas a Cristo. Mi abuelo se mantuvo muy reservado en su fe, nunca hablaba en lenguas ni se involucraba en ningún tipo de creencias

---

1. *Buenos días, Espíritu Santo* fue el medio para difundir muchas falsas enseñanzas sobre el Espíritu Santo y la Trinidad, enseñanzas que confundieron a cristianos y no cristianos por igual. Thomas Nelson, su editorial, reimprimió el libro en una segunda edición cambiando y corrigiendo muchas de las enseñanzas heréticas después de que los teólogos evangélicos dieran la voz de alarma.

2. Para saber más sobre la conexión Kuhlman-Hinn, ver Benny Hinn, *Kathryn Kuhlman: Her Spiritual Legacy and Its Impact on My Life* (Nashville: Thomas Nelson, 1998).

y comportamientos extravagantes. Mi abuela llegó a ser un poco más expresiva en su fe, pero también mantuvo su timón profundamente asentado en las Escrituras. Como cualquier padre, ambos amaban a Benny y hacían lo posible por aceptar su ministerio, pero aun así eran extremadamente escépticos sobre su elección de amigos y círculos ministeriales. Mi abuela Clemance a menudo lo regañaba cuando ministraba con hombres y mujeres que eran famosos por sus escándalos. En todos los años de su ministerio, nadie fue tan crítico con sus alianzas como mi abuela.

Con el tiempo, Benny se mudó de Canadá a Estados Unidos y se casó con Suzanne Harthern. Durante esos primeros años, el resto de la familia también profesó la fe cristiana. En 1982, la familia quedó profundamente afectada por la muerte de mi abuelo y pronto el resto de la familia se mudó a Estados Unidos, estableciéndose en Orlando, Florida. Para 1983, Benny había fundado el Orlando Christian Center, y tres de sus hermanos se unieron a él en busca de vocaciones eclesiales. Construyó la iglesia combinando la enseñanza de la Biblia (con sus puntos de vista especiales añadidos) con un ministerio de sanidades (usando los métodos de Kathryn Kuhlman). Era la fórmula perfecta para atraer a una multitud con curiosidad espiritual y a aquellos que buscaban desesperadamente respuestas y curación.

El ministerio creció con rapidez y los asientos de la iglesia de Orlando se llenaron con miles de personas. Mis tíos William y Sam, junto con mi padre, Henry, se formaron bajo el ministerio de Benny, y la sanidad por fe se convirtió en la tarjeta de presentación del ministerio de la familia Hinn. El hermano que más tiempo trabajó con Benny a lo largo de los años y que más lo veneraba fue mi padre. Por eso yo estuve tan cerca del centro de la acción.

La franquicia de la familia Hinn

Cuando mi tío aprendió su oficio de Kathryn Kuhlman, también comenzó a adoptar la teología de la salud y la riqueza de predicadores de la prosperidad como Oral Roberts. Mi padre siguió de cerca los pasos de Benny. Después de algunos años de trabajar para Benny en el Orlando Christian Center, adoptó el mismo modelo de ministerio y fundó una nueva iglesia en Vancouver, en la Columbia Británica. Como si se tratara de una franquicia, con una marca personalizada para su ubicación, el Vancouver Christian Center estaba a punto de ser un éxito.

La iglesia se inauguró con un gran éxito en 1987, cuando yo tenía tres años. Desde el principio, resultaron ser el lugar y el momento adecuados para una iglesia como la nuestra. El apellido Hinn se había hecho más prominente en los círculos pentecostales y carismáticos de los que formábamos parte, así que los asientos se llenaron y el impulso se aceleró con rapidez.

Unos años después, mi padre fundó una escuela para enseñar a la gente normal cómo hacer los milagros que Jesús hizo. La llamó The Signs and Wonders School of Ministry (La escuela de ministerio de señales y maravillas). Cualquiera podía pagar la matrícula para aprender a hacer milagros, hablar en lenguas y realizar sanidades. Impartió las clases e incluyó material histórico diseñado para inspirar a las personas a emular a los gigantes del pasado. Se presentaban enseñanzas de personas como John G. Lake (1870-1935), Smith Wigglesworth (1859-1947), Oral Roberts (1918-2009), William Branham (1909-1965) y Kenneth Hagin (1917-2003).

El Vancouver Christian Center estaba orgulloso de sus fundamentos doctrinales, y la combinación de enseñanzas de Kuhlman y Roberts resultó ser una gallina de los huevos de oro. No había ninguna sutileza en la dirección que tomaba la iglesia. Llegaron multitudes y el dinero entró a raudales. Empezamos a vivir el sueño.

En 1997, cuando yo tenía trece años y la iglesia contaba una década, nuestra casa principal era una mansión de seis dormitorios y ocho baños que ocupaba algo menos de mil metros cuadrados en South Surrey, Columbia Británica. Teníamos una entrada privada, una piscina, un jacuzzi interior, un baño de vapor, una cancha de deportes y casi una hectárea de terreno para jugar. Mi dormitorio, más grande que la mayoría de los salones de la gente normal, tenía un gran vestidor, un baño con bañera de hidromasaje, ducha de pie, azulejos de mármol y, sí, grifería de oro. Conducíamos varios vehículos Mercedes-Benz (desde un convertible hasta un SUV), íbamos de vacaciones alrededor del mundo y nos hospedábamos en hoteles caros. Recuerdo haber celebrado mi octavo cumpleaños en Tierra Santa (Israel) y haber montado en camellos como parte de la celebración. Nuestros viajes de ministerio familiar a Londres, París, Maui y a todas partes del mundo se llenaban de reuniones privadas para bendecir y orar por celebridades, líderes del gobierno y deportistas de la NBA, la MLB y la NFL. Dondequiera que fuéramos, nuestro poder espiritual atraía a la gente importante a algo que podría ayudarles a tener más éxito también. Todo esto resultó en que pudiéramos disfrutar de cualquier lujo que quisiéramos.

Las señales, maravillas, milagros y predicación de la prosperidad nos dieron una vida que mi padre apenas soñó cuando era niño. En nuestra familia, realmente vivíamos lo que creíamos: vivíamos una vida abundante y bendecida.

Con un prestigio mundial cada vez mayor vinculado al apellido, mi padre había logrado darnos la vida que nunca tuvo en

Israel, algo que a menudo nos decía que era su objetivo. Mientras tanto, el tío Benny había demostrado oficialmente que mi abuelo estaba equivocado. Benny *había* llegado muy lejos. Ahora vivía la vida de los ricos y famosos. Y yo lo acompañé en el viaje.

2

Ungido y arrogante

Si quiero creer en Dios para que me dé un avión de 65 millones de dólares, no puedes impedírmelo.

—CREFLO DOLLAR

—¡Solo abre la boca! Di lo que tengas en la punta de la lengua... di «Ba-da-na-na-ta-ba-ba-da-na-na-ta» —¡me instruía un asistente del altar.

Yo había estado sentado en la sección de los jóvenes durante un servicio de la iglesia y, al final del mismo, mi padre llamó a los adolescentes para que recibieran el don de lenguas. Mientras que la Biblia describe el don de lenguas como la habilidad sobrenatural de hablar en un idioma extranjero real, nosotros enseñábamos que era la habilidad de pronunciar palabras en trance que no tenían sentido en la tierra pero que eran entendidas en el cielo. El resto de la congregación se puso de pie y extendió sus manos hacia nosotros mientras los asistentes al altar se dirigían hacia el frente para orar con nosotros.

—¡Alcen las manos! —exhortó mi padre—. ¡Oren en el Espíritu con voz fuerte!

Al haber escuchado a nuestros padres hablar en lenguas, sabíamos exactamente lo que mi padre quería que hiciéramos. Este era nuestro rito de iniciación. Era hora de recibir el don de lenguas.

Ahora el asistente del altar, una mujer, dio más órdenes:

—¡No lo pienses demasiado o empezarás a dudar y perderás la fe! Desconecta tu mente, conecta tu espíritu. Ciérrate a las preguntas y ábrete al fluir del Espíritu. ¡Levanta las manos y recíbelo!

Junto a ella, otros asistentes del altar y padres estaban orando e imponiendo las manos sobre los adolescentes mientras trataban de impartir cualquier poder que pudieran para ayudarnos.

Lentamente murmuré mis propias palabras. Algunos de los muchachos seguían diciendo «ta-ta-ta-ta-ta-ta-ta-ta» para hacerse pasar por hablantes en lenguas, pero yo me las arreglé para decir un poco más. «Shekundalabakasho. Shekundalabakasho». Empecé a decirlo más fuerte. «¿Será esto?», pensé. No sabía si tenía que ser un lenguaje continuado, pero mi lengua seguía repitiendo, así que pensé que tenía que ser así.

—¡Lo tienes! ¡Ya lo tienes! Tienes el don —afirmaron los asistentes del altar mientras continuaban apiñados a nuestro alrededor en busca de progresos. Algunos de nosotros teníamos más sílabas, otros tenían menos, pero no importaba, en aquel servicio todos aprendimos cómo tener el don de lenguas.

Desde entonces, esa fue la lengua que utilicé para «orar en el Espíritu». Era la lengua utilizada para confundir al diablo en la oración. Era la lengua que significaba que habías recibido el

Espíritu Santo. Sobre todo, era la lengua que hacía que fueras aceptado por tus padres y por el resto de la iglesia.

La unción de Dios

Los servicios en nuestra iglesia, Vancouver Christian Center, eran una experiencia sin igual. Cantábamos durante horas, hablábamos en lenguas sin parar, escuchábamos historias de las cruzadas de sanidades que aumentaban nuestra fe y dábamos dinero en dos ofrendas. En domingos especiales (que podrían ser cualquier domingo), la unción de Dios descendía sobre nuestra iglesia y el poder de Dios hacía que la gente se cayera. Mientras mi papá oraba o ungía a las personas con aceite, se derrumbaban en el suelo. Nunca nos referíamos a este evento como ser derribado en el Espíritu, aunque esa es una de las formas en que se describe. En vez de eso, nos referimos con gozo a ello como «caer bajo el poder».

Venían personas de todas partes del mundo para participar en los servicios de nuestra congregación. Aunque a mediados de los años noventa nuestra iglesia contaba como mucho con unos cientos de asistentes regulares, siempre teníamos visitas. Se invitaba a otros oradores para animar las cosas, y eso significaba que nuestra iglesia estaba a la vanguardia de cualquier nueva revelación que tuvieran. Un orador invitado en particular condujo a nuestra congregación a la «estación de agua bendita». Recuerdo su enseñanza: Dios estaba ungiendo el agua como punto de contacto y, si la gente bebía el agua o entraba en contacto con ella, podía ser sanada. Predicó todas las noches durante una semana, y nunca había visto tantas botellas de agua en mi corta vida. Las había pequeñas, grandes, de cinco galones y de todas las demás formas de H^2O embotellado. La gente salía de los cultos empapada tanto en agua como en la unción de Dios. Se llevaban botellas a los hospitales y a los lechos de muerte y se guardaban en los hogares para la próxima vez que se necesitara sanación. ¡La curación en una botella! Recuerdo que pensé: «Pedro sanaba a la gente con su sombra en la Biblia; ahora podemos hacerlo con agua embotellada. Dios está lleno de sorpresas».

Independientemente de los oradores invitados que vinieran a la ciudad, cada mes había un evento central en el Vancouver Christian Center: el culto de sanidades del domingo por la noche. No era la audiencia que venía a la iglesia por la mañana. Durante el servicio de las diez de la mañana, la iglesia estaba medio vacía. Sin embargo, a las seis de la tarde, el primer domingo por la noche del mes, la iglesia estaba llena. No eran personas de nuestra congregación. Eran los feligreses desesperados de toda la ciudad que no podían ser sanados en sus iglesias bautistas, presbiterianas o luteranas, así que venían a nosotros.

La estructura de los servicios de sanidades era idéntica a la de mi tío Benny en una cruzada. Mi padre hacía una entrada triunfal cuando la música alcanzaba su punto álgido durante la adoración, luego cantaba un poco y oraba. El público levantaba las manos un poco más arriba y cantaba sus canciones un poco más alto. La expectativa llenaba la sala. Después de casi dos horas de música y enseñanza, comenzaba la transición. «Aleluya, aleluya, aleluya, aleluya. Alelu-u-u-u-u-u-u-ya», cantaban al unísono la orquesta y mi padre. Todos sabían qué momento era. Nadie se movía. Se me agarrotaba la columna vertebral y siempre sentía que mi corazón se aceleraba. «Levanten sus manos y oren en el Espíritu Santo», ordenaba mi padre.

—Shekundalabakasho. Shekundalabakasho —murmuraba yo lo suficientemente fuerte como para obedecer a mi padre, pero lo suficientemente bajo como para no sentir vergüenza. Aunque todos hablaban en lenguas, siempre me pareció algo un poco extraño. Sonábamos tontos, y mis amigos que visitaban nuestra iglesia siempre pensaban que era de lo más raro. «¿Por qué no lo hacen ellos también?», me preguntaba.

Cuando el murmullo de las lenguas en la sala llegaba a sonar como un estruendo, el canto estallaba de nuevo y mi padre ordenaba: «Si tienes una enfermedad en tu cuerpo, quiero que pongas la mano sobre la parte del cuerpo que está enferma». Luego se detenía. «¡Fuera! ¡Fuera! ¡Fuera!», gritaba con una autoridad arrolladora. «¡Demonio de la enfermedad! ¡Te ordeno que sueltes ese cuerpo en el nombre de Jesús!». Algunas personas gritaban, otras caían y muchos nos parábamos con los ojos cerrados y las manos levantadas, orando para que Dios sanara a la gente.

—Pónganse a mi lado si han sido sanados y quieren que Dios los toque —era la siguiente serie de instrucciones. Los ujieres acudían rápidamente a un costado del escenario, porque estaba a punto de llegar la mejor parte del culto. Unas tres horas y podríamos ver a quién había sanado Dios.

Nunca veía a personas curadas en tiempo real, pero los testimonios eran toda la prueba que necesitaba. A veces, la gente cojeaba por la plataforma, pero mi padre siempre aclaraba: «Cuando las piernas han estado atascadas en una silla de ruedas durante muchos años, los músculos tardan un tiempo en relajarse y ganar fuerza». Se aplaudía cada testimonio de sanación, y un leve toque de la mano sanadora hacía que la gente se cayera para ser agarrada por los receptores, quienes los dejaban en el piso con suavidad. Luego, así sin más, los levantaban, los sacaban del escenario y los encaminaban a vivir con salud y felicidad para siempre.

Cuando el servicio iba terminando, a menudo se aceptaba una ofrenda extra. Con tantas bendiciones y sanidades de Dios, era obvio lo que se debía hacer a cambio. Era el momento de dar la mejor ofrenda y sellar el favor que Dios había derramado sobre nosotros esa noche.

En los primeros años, siempre dormía bien después de los cultos de sanidades. A veces duraban hasta las once de la noche, pero no tardaba mucho en dormirme en el coche. «Uau. Mira todo lo que Dios hizo esta noche —pensaba—. Ojalá más gente se abriera a experimentar esto».

El hijo del predicador

En muchos sentidos, yo era el típico hijo de predicador. Nuestra familia estaba bajo la lupa constante de la iglesia y de la comunidad, mis hermanos y yo siempre estábamos a un paso en falso de una buena paliza, y la vida giraba alrededor de cosas típicas de la iglesia para las familias de los pastores. Por otro lado, mi padre se había convertido en un pastor teleevangelista canadiense bastante conocido y copiaba el modelo de ministerio que mi tío usó para ganar notoriedad. Mientras que la mayoría de los pastores y sus familias viven en una casa de cristal, nuestra vida era una burbuja utópica fortificada. Éramos el centro de nuestro mundo, con escasas interferencias externas. El personal de seguridad mantenía a raya a los intrusos y las amenazas. Las casas cercadas impedían que los ojos curiosos invadieran nuestra privacidad, y cualquiera que se atreviera a desafiar nuestra autoridad era amenazado con el juicio divino y excomulgado de la iglesia.

Mi padre a menudo nos decía que éramos la familia más especial en el mundo cristiano actual y que debíamos estar orgullosos de que nuestro tío fuera el hombre de Dios más ungido de nuestros días y de nuestra época. Estaba claro que Dios nos había ungido de una manera especial y nos había dado oportunidades especiales que no todos tenían. Fuimos ungidos con poder, y debíamos usar ese poder para sanar a las personas y revelarles los misterios de Dios. Por supuesto, tener todo ese poder significaba que nosotros también nos beneficiaríamos (y *debíamos* hacerlo). Después de todo, éramos la élite espiritual. Teníamos acceso directo a Dios y él nos hablaba de maneras que pocos experimentaban. ¿Por qué no íbamos a recibir bendiciones por un servicio tan desinteresado como vasijas elegidas por Dios?

Desde muy temprana edad, como parte de la familia Hinn, yo veía a Jesucristo como nuestro genio mágico: frótalo correctamente y te concederá lo que desees en tu corazón. Citaba versículos de la Biblia como Salmos 37.4, que dice: «Deléitate en Jehová, y él te concederá los deseos de tu corazón», y Juan 14.14, donde Jesús dice: «Si algo pidiereis en mi nombre, yo lo haré». El significado de estos pasajes era muy obvio para mí: cree en Jesucristo, pide cosas diciendo: «En el nombre de Jesús», y tendrás lo que quieras. En serio, así de simple. No es difícil de entender. Además, ¡parecía que nos funcionaba!

Éramos prácticamente intocables en lo referente a enfermedades y dolencias. Durante la temporada de gripe, cuando la gente decía: «La gripe ronda por aquí», decíamos: «¡Sí, me ronda, pero *no me tocará*, ¡en el nombre de Jesús!» (agitando la mano alrededor de nuestro cuerpo para indicar que la enfermedad no se detenía en *nuestra* puerta). En nuestra casa nunca se hablaba de la muerte, la enfermedad era para la gente que tenía poca fe y necesitaba nuestra ayuda, y la deuda era una palabra de cinco letras de la que siempre tratábamos de salir sacando ofrendas más grandes. Era la vida en el carril rápido del evangelio de la prosperidad.

Para cualquier niño, los cumpleaños son un gran problema, pero yo contaba los días hasta los cumpleaños con una emoción única porque sabía lo que se avecinaba. La mayoría de los hijos adolescentes de pastores en los noventa probablemente recibían un pastel de cumpleaños y tal vez algunas Jordan de imitación. Pero, para mí, los cumpleaños significaban el mejor restaurante italiano de la ciudad y más de mil dólares en dinero solo de la gente de la iglesia. *Todos* en la iglesia me daban dinero. Si añades los cheques de los tíos, el abuelo y la abuela, yo estaba forrado. Las bendiciones y el dinero no eran solo para mis padres; yo estaba en la mejor posición para recibirlos también.

Problemas en el paraíso

Tal vez fue el Benz que me dejaba en la acera de la escuela a la que asistíamos. Tal vez fue la ropa elegante. Tal vez fue el hecho de que sus padres pensaban que mi papá y mi tío eran falsos maestros. O tal vez, en vez de ser una persona ungida, en realidad era solo un compañero de clase molesto (lo que es más que probable). Fuera lo que fuera, los compañeros de clase no me querían tanto como la gente de nuestra iglesia.

—Tu tío es un falso maestro —gritó un día un chico mayor mientras me daba un portazo en la cara y me miraba desde el otro lado. Intenté abrirla, pero fue en vano. Él estaba en quinto grado. Yo estaba en tercero. —¡Tu tío es Benny Hinn! ¡Es el loco de la tele que tira a la gente y se roba todo su dinero! ¿Sabes una cosa? ¡Tu padre también es un falso maestro y está tan loco como tu estúpido tío!

Sus palabras me dolieron. ¿Qué niño no se sentiría fatal si oyera decir eso de sus adorados padre y tío? Podía sentir que mi ira aumentaba, pero mi fuerza física estaba muy por debajo de mis fuertes emociones. Volví a jalar de la puerta y decidí que era hora de usar palabras para hacer lo que mi cuerpo no podía hacer.

—Bueno, al menos tenemos el poder de Dios. ¡Tú vas a una iglesia muerta! —volví a rugir desde la puerta. Después de eso, quizás lo maldije o no con cáncer y agregué algunas palabras más.

En la escuela, o sobrevivías o te comían, y a mí me comían a menudo. Yo manifestaba mi frustración portándome de modo irrespetuoso y negativo durante la clase, así que a menudo me echaban por mala conducta. Si no podía controlar cómo me veían los demás, no me importaba qué otras cosas pasaran.

Al final, mi hermana y yo convencimos a mis padres para que nos enviaran a la Academia Cristiana Regent. Era una escuela de la denominación Cuadrangular donde levantaban las manos, hablaban en lenguas y compartían gran parte de nuestro estilo de teología. Finalmente íbamos a estar en compañía de niños de iglesia civilizados que entendían nuestra posición de élite en la sociedad cristiana. Ningún bautista ni de ninguna otra denominación de iglesia «muerta» me causaría más dolor.

El sexto grado comenzó y las cosas iban bien en Regent. Esto significaba que ya no había nadie a quien culpar por mi comportamiento, excepto a mí. No pasó mucho tiempo antes de que mi arrogancia preadolescente se fusionara con mis creencias teológicas para crear un monstruo egocéntrico, autoritario y atrevido de instituto. Yo vencía a mis compañeros en todos los frentes y desafiaba a los profesores que se atrevían a intentar controlarme. Lo que se suponía que iba a ser un entorno más adecuado para nuestro sistema de creencias solo sirvió para cambiar el paradigma. En la Escuela Cristiana de Richmond, nos acosaban por nuestras creencias. Ahora, nosotros usábamos nuestras creencias para intimidar a otros, en particular a los maestros. Como en Regent estábamos entre creyentes carismáticos, los maestros tenían cierto nivel de autoridad a nuestros ojos, pero nos considerábamos mucho más ungidos que ellos porque éramos de la élite. Claro, ellos eran los profesores, pero, si venían a *nuestra* iglesia, podíamos mostrarles un par de cosas sobre el verdadero conocimiento y poder. Armado con esa actitud, me convertí en un justiciero carismático.

En octavo grado, obtuve una victoria aplastante para convertirme en presidente de la clase, usando mi popularidad entre mis compañeros de clase para derrotar al otro candidato. Mi condición de ungido solo la superaba mi arrogancia espiritual: ¿quién se creía que era este otro niño? ¡Yo era un Hinn!

En febrero de ese mismo año escolar, yo lideraba un grupo rebelde de estudiantes en un motín general. En apenas cinco meses de clases, habíamos destrozado la propiedad de la escuela, irrumpido en el sótano de una universidad bíblica vecina para establecer nuestra sede central y nos habían expulsado de clase más veces de las que puedo recordar por burlarnos y faltar al respeto a los maestros.

Entonces llegó la gota que colmó el vaso. Una tarde estaba sentado en la capilla con mi mejor amigo, Matt. Habíamos atrapado una pequeña serpiente y la pusimos en un envoltorio de Skittles. Matt tenía la serpiente en el bolsillo de su camisa. El culto de adoración en la capilla estaba en su punto álgido. Las niñas estaban sentadas en sus sillas desde la parte de atrás hasta el punto medio de la sala, mientras que los niños nos sentábamos en el suelo desde el punto medio de la sala hasta el frente.

Matt y yo estábamos en la última fila de la sección de chicos, a unos metros de las chicas. Intenté sacar el envoltorio lleno de serpientes de su bolsillo y él me quitó la mano de un golpe. Finalmente, lo logré. Todo lo que recuerdo es el sonido de las sillas de metal y las chicas gritando a todo pulmón. Luego, el olor familiar de la oficina del director.

Expulsado a finales de febrero, me dieron calificaciones de aprobado, me enviaron varias tareas a hacer en casa y disfruté de unas vacaciones de verano de marzo a septiembre. Durante esta pausa de la escuela, jugué *hockey* en mi cancha, nadé en nuestra piscina climatizada y fui a viajes ministeriales con mi padre a Singapur y Yakarta.

Preparados para una nueva escuela con muchas menos reglas y sin uniformes, nos inscribimos en la que todavía es considerada una de las mejores escuelas cristianas de la Columbia Británica. En ese momento, se llamaba Fraser Valley Christian High. Era de la Iglesia Cristiana Reformada, una denominación basada en la tradición teológica calvinista y fundada por inmigrantes holandeses trabajadores y frugales; una iglesia que no es precisamente conocida por sus simpatías hacia los predicadores de la prosperidad y de la sanación por la fe. Esperaba un nuevo comienzo, pero, dos semanas después del semestre de otoño, se corrió la voz sobre mi apellido. «Oh, no —pensé—, otra vez no».

El estudiante que más se fijó en nosotros fue un niño al que llamaremos «Aaron», pero con su metro ochenta de altura no era un niño. Después de soportar sus insultos y burlas sobre mi legado por ser de la familia Hinn, no iba a permitir que nadie degradara nunca más a mi tío ungido ni a mi heroico padre. En la biblioteca, hice algo de lo que me arrepiento hasta hoy.

Estábamos en medio de la clase de Biblia cuando el señor Terpstra, nuestro maestro, nos dio instrucciones para hacer tareas en grupo en la biblioteca. Mientras hablábamos entre nosotros, Aaron bromeó: «Debe de ser un asco ser el sobrino de Benny Hinn y el hijo de Henry Hinn». Otros chicos se burlaron con él.

No sabía qué decir. Yo era un pequeño y poco maduro preadolescente que apenas tenía la fuerza para levantar la barra sin ponerle las pesas. Pero ahora esto iba muy en serio. Era el momento de dejar las cosas claras.

Mientras íbamos a la biblioteca, me imaginé todas las cosas que podía hacer para detener el acoso de Aaron. Luego me fijé en un lugar donde los estudiantes dejaban mochilas y otros artículos no permitidos en la biblioteca. Ahí estaba. Un monopatín.

Me vino a la cabeza el pensamiento más perverso.

Tomé nota en mi mente para volver a buscarlo una vez que nos hubiéramos sentado en nuestros grupos. Aaron estaba en la esquina con algunos de los muchachos cuando llegó el momento. Salí de la biblioteca, tomé el monopatín y volví caminando por la biblioteca hasta donde él estaba sentado. Patinete en mano, le di en la cabeza con todas mis fuerzas. Hubo gritos de asombro y gritos de «¡Está sangrando!». Busqué al señor Terpstra y le entregué el monopatín. En estado de *shock*, pasó por mi lado corriendo, yo salí de la biblioteca sin problemas y acabé buscando un tronco donde sentarme fuera de la escuela.

En diez minutos, oí las sirenas. El señor Terpstra salió de la escuela, se acercó a mí y me dijo: «Aquí estás. Te estaba buscando. ¿Estás bien?».

¿Si estoy bien? ¿Lo dice en serio? Acabo de golpear al chico más grande de la clase en la cabeza con un monopatín. ¿Si estoy bien?

Como no le contesté, me dijo: «Deberíamos ir a mi despacho, ¿de acuerdo?».

Asentí y lo seguí de vuelta a la escuela.

Todo lo demás de ese día es un recuerdo borroso. Me sentí fatal por lo que había hecho, pero sabía que tenía que defender el honor de mi familia y no dejar que la gente hablara en contra de mis ungidos tíos y padres. Ellos eran mis héroes. ¿Quién era nadie para difundir mentiras sobre ellos y decirles esas cosas horribles?

El director debería haberme expulsado. En realidad, deberían haberme arrestado. En cambio, me suspendieron tres semanas y me dijeron que, después de que Aaron saliera del hospital, lo suspenderían por una semana por acosarme. ¿Quién lo hubiera pensado? Una escuela cristiana reformada mostrándome la gracia cuando merecía la ira.

La suspensión me dio tiempo para calmarme, reunirme con el comité de disciplina y revisar el plan de reincorporación a la escuela. En la reunión, tuve que enfrentarme a Aaron y a sus padres. El padre de Aaron no estaba muy contento; ¿quién podría culparlo? Pero, antes de comenzar la reunión, la madre de Aaron se me acercó y me dijo: «Lo que necesitas es un abrazo». ¡Y me abrazó!

«¿Qué diablos le pasa a esta gente?», pensé. En ese momento, yo creía que poseía una unción especial que ellos por supuesto no tenían. Mirando atrás, puedo ver que eran ellos los que poseían algo que yo no tenía. Gracia.

Las leyes de la prosperidad

Aquellos que no recuerdan el pasado
están condenados a repetirlo.

—GEORGE SANTAYANA

—Esta es una noche especial. Jesús está aquí, y siempre cumple sus promesas. Quiero que levantes tus manos y le pidas al Señor Jesús todo lo que quieras; él te lo dará. Ha venido a darnos la vida ¡y vida en abundancia!

La voz de mi tío Benny resonó por el estadio mientras terminaba su mensaje de sanación de la cruzada. La multitud de veinte mil personas retumbaba mientras se inundaba el cielo con sus peticiones. Algunos le pedían a Jesús que les diera sanidad, casas y ascensos en el trabajo. Otros le pedían a Jesús la salvación de un ser querido. Otros solo querían dinero en efectivo. No podía culparlos, esa era una de las mejores maneras de Dios de mostrar su favor a la gente. Mi tío había usado la Biblia para explicar claramente que Dios promete dar mucho dinero a las personas que le dan mucho dinero. ¿Quién podría discutir esto?

A mis quince años, mi adrenalina se disparaba, mi corazón se aceleraba y mi imaginación rebosaba de grandes sueños. ¡Este era mi momento! Era hora de aprovechar la unción especial que el tío Benny estaba canalizando. Con plena confianza en la lección que nos habían enseñado, cerré los ojos y, con toda la sinceridad que mi corazón podía reunir, supliqué: «Querido Jesús, por favor, permíteme jugar en las ligas mayores de béisbol y ser rico para que a mi familia nunca le falte de nada. Y, por favor, que nunca me enferme».

«Qué oportunidad tan especial», pensé. Ahora, todo lo que tenía que hacer era confiar en Dios y esperar que mis sueños se hicieran realidad.

¡Sin dinero no hay milagro!

En 1999, Benny Hinn fue el predicador de la prosperidad y sanador de fe más famoso y controversial del mundo. Pero, para mí, él era mi tío ungido a quien Dios estaba usando para mostrarnos cómo vivir una vida de bendición y abundancia. Era la forma en que Dios quería que todos vivieran: ¡nosotros éramos la prueba viviente!

En un sermón que escuché cuando era pequeño, mi tío nos enseñó que, si queríamos que Dios hiciera algo por nosotros, teníamos que hacer algo por él. Esto se aplicaba a todo, especialmente a los milagros. Siempre que era posible,

Benny predicaba a las masas que, si querían un milagro para su enfermedad y dolencia, tenían que dar dinero a Dios. ¿No tienes dinero? ¡Pues no hay milagro! Dar a Dios era el secreto para desbloquear tus sueños. Era el secreto para el ascenso laboral. Era el acceso a nuestra cuenta bancaria divina. Mi tío a menudo contaba la historia de cómo salía de sus deudas usando este sistema de creencias. Su suegro le había dicho que, para estar libre de deudas, tenía que pagarle a Dios. Benny explicó que, una vez que comenzó a vaciar su cuenta bancaria y a donar dinero al ministerio, empezó a aparecer dinero de todas partes.

Este principio de dar se tomaba muy en serio en nuestra familia. Creíamos que podíamos ser culpables de robarle a Dios si no le dábamos lo suficiente, así que había veces en que era necesario hacer pagos retroactivos. Recuerdo que pensé: «Por todo el tiempo que he pasado viviendo para mis propios placeres, tendré que dedicarle casi dos años a Dios si quiero que mis oraciones sean escuchadas y atendidas».

Uno de los héroes del tío Benny que le enseñó sobre este sistema de creer, dar y recibir fue Oral Roberts. Parecía que podía abrir las ventanas del cielo y hacer que llovieran bendiciones sobre su propia vida. Era una simple transacción de entrada y salida de dinero, con Dios como banquero. Oral Roberts quería ayudar a que más personas lo entendieran y asumieran el riesgo de ponerlo en práctica. Enseñaba que esta forma de pensar era la que usaban Jesús y los apóstoles. Para Roberts, la fe era lo que obligaba a Dios a hacer lo que nosotros queríamos que hiciera. ¡Creyendo lo suficiente, pensando lo suficiente en positivo y dando lo suficiente podías controlar al Creador! Roberts había usado sus enseñanzas sobre el dinero y la fe para salir del anonimato y alcanzar la fama, y luego ayudó a otros a hacer lo mismo.[1] Ahora, también lo hacía mi tío.

Durante décadas, Roberts entrenó a mi tío Benny y se convirtieron en amigos íntimos. El tío Benny y Oral grababan juntos programas de televisión, compartían ideas y se promovían entre sí dentro de sus respectivos ministerios. Esta especie de «intercambio de escenarios» fue la causa de la explosión de los ministerios en las nuevas fronteras. El público de Oral se convirtió en el de tío Benny, y viceversa.

Cáncer en la familia

Durante mucho tiempo, las cosas fueron bien para la familia Hinn. Éramos felices, sanos y ricos. Pero, inevitablemente, la vida real irrumpió por la parte de la familia de mi madre. Fue entonces cuando entramos en modo de control de daños.

Cuando estaba en cuarto grado, a mi tío George le diagnosticaron cáncer. No era tío en realidad, sino el marido de la prima de mi madre. Había estado pastoreando en nuestra iglesia después de que mi papá lo contrató, y yo lo apreciaba mucho. Tenía una sonrisa muy amable, siempre me llamaba Tigre y me daba esos cariñosos abrazos de llave de cabeza que dan los tíos. Nos entristeció su diagnóstico.

En ese tiempo, su hijo Adam era mi mejor amigo tanto en la iglesia como en la escuela. Adam estaba pasando por un momento

---

1. Sobre el uso del dinero y la fe para conseguir lo que quieres, Roberts dice: «¡La semilla de dar es la semilla de la fe! Y antes de poder decir a nuestra montaña de la necesidad que se quite de enmedio, ¡hay que plantar la semilla!» (Oral Roberts, *A Daily Guide to Miracles* [Tulsa: Pinoak Publications, 1975], p. 63). Esta enseñanza argumenta que dar dinero es la clave para forzar a las bendiciones de Dios a derramarse sobre tu vida.

difícil con la batalla de su padre contra el cáncer, y recuerdo vívidamente cuando nuestra maestra, la señora Friesen, un día le preguntó cómo le iba. Adam se encogió de hombros ante su pregunta con un rápido «Bien».

Después de que ella se fue, lo miré. «No te gusta hablar de ello, ¿verdad?», le pregunté.

Negó con la cabeza. Con cinco hijos en la familia, mi tío George y mi tía Debbie se enfrentaban a un reto monumental.

La situación empeoró. Después de un injerto de piel, los mejores esfuerzos de los médicos y nuestras oraciones por su curación, el tío George experimentó un derrame cerebral, junto con reveses en su salud que finalmente lo llevaron a la muerte. Fue devastador. Domingo tras domingo, oíamos desde el púlpito: «¡Dios ha garantizado la sanidad! Solo ten fe y Dios hará todo lo que le pidas que haga». Muchas personas habían sido llevadas al escenario y declaradas sanas. Muchas, ¿pero no el tío George? Solo una explicación podía satisfacer la confusa pregunta que se convirtió en tabú para todos: *¿cómo es que no se curó?*

Antes de darme cuenta, mi tía Debbie y mis cinco primos segundos se habían distanciado de nosotros y de la iglesia. Cuando otras personas, incluidos los hermanos de mi madre, se marcharon antes y después de esa época, se desató un intenso drama. Fue un éxodo masivo de personas cercanas a nosotros. «¿Por qué, Dios? —me preguntaba—. ¿Fue por el tío George? ¿Por otros motivos?». Me dolió mucho ver morir al tío George, pero ¿por qué toda esta gente a la que amaba tuvo que dejar la iglesia también? Se suponía que éramos una familia. Y nuestra familia debía ser diferente: bendecida y ungida.

Pronto recibimos una explicación por su muerte. Racionalizamos que el tío George (y su familia) debieron de haber cometido uno o

más de los «cuatro grandes», lo que provocó que perdiera la curación que tenía garantizada. Los cuatro grandes, o una pequeña lista
de razones por las que Dios no sanaba a la gente, eran algo así:

- Hacer una confesión negativa: usar palabras negativas
  acerca de tu condición física obstaculizaría tu sanación.
- Estar rodeado de gente negativa: permitir las palabras
  negativas de otros acerca de tu condición física dificultaría
  tu sanación.
- No tener suficiente fe: no creer ni dar suficiente dinero
  para demostrar tu confianza en que Dios te sanará.
- Tocar al ungido del Señor: hablar en contra u oponerse a
  un varón de Dios ungido.

Resulta, según la historia, que el tío George y los de su
entorno hicieron las cuatro cosas. Sobre todo, nos dijeron que el
tío George había empezado a juntarse con gente que hablaba mal
de mi padre y de nuestra iglesia. En nuestro sistema de creencias
había una política de tolerancia cero para este tipo de cosas.

La enseñanza sobre «tocar al ungido del Señor» venía de un
principio bíblico tomado del Antiguo Testamento. En 1 Samuel
24.6, el rey David se había abstenido cuando tuvo la oportunidad
de matar a su enemigo y agresor, el rey Saúl. Se le acercó sigilosa-
mente y le cortó un pequeño trozo de su túnica y más tarde se la
mostró como señal de que no quería hacerle daño y de que podría
haberlo matado, pero no lo hizo. El principio que guiaba a David
era que el rey Saúl seguía siendo un rey ungido de Israel y que no
le correspondía a David matarlo ni tocarlo. Basada en este principio del Antiguo Testamento de no matar reyes, nuestra iglesia se
tomaba muy en serio lo de tocar al ungido del Señor.

La historia que me contaron es que el tío George comenzó a jugar *softball* los domingos para tratar de mantenerse activo durante su batalla contra el cáncer, lo cual era una seria prohibición en nuestra legalista iglesia. Cuando mi padre lo reconvino por esto, el tío George no obedeció y quizás también tenía opiniones distintas. Desde que el tío George había empezado a andar con gente negativa que no estaba hipnotizada por mi padre, habían corrompido su vida y le habían quitado el favor de Dios. Un día, mientras jugaba *softball* y pasaba a la tercera base, el tío George tuvo un derrame cerebral y se desvaneció, los médicos no pudieron hacer nada por él, acabó muriendo porque dejó entrar a gente negativa en su habitación del hospital y en su vida. Fuese o no verdad, esta era la explicación simple.

Muchas personas dejaron la iglesia en los años siguientes, y, si morían en cualquier momento después de dejar la iglesia, se unían también al archivo de ejemplos de aquellos que habían tocado al ungido del Señor. Muchos otros, sin embargo, eligieron quedarse, creyendo que el favor y la protección de Dios estaban supeditados a su permanencia bajo el liderazgo de mi padre. A lo largo de los años noventa, se reveló la misma historia en el ministerio de mi tío Benny. Algunos de sus exempleados se estaban muriendo, y otros, como mi tía Karen, que había expresado su descontento con sus payasadas en el ministerio y su manejo del dinero, de repente se vieron golpeados por la enfermedad. Todo esto servía como prueba de que éramos ungidos de Dios. Si te metes con nosotros, estarás bajo una sentencia divina de muerte.

A pesar del éxodo de miembros de la iglesia y de la disminución de la asistencia los domingos, mi familia no conoció ninguna carencia. De alguna manera, el dinero seguía entrando y las bendiciones seguían lloviendo.

Poner en práctica la semilla de fe

Cuando llegué a la graduación de la escuela secundaria, ya tenía mis propios sueños, y estaba decidido a ver que esos sueños se hacían realidad. Pero primero tenía que poner en práctica una de nuestras creencias teológicas: la de sembrar mis semillas de fe. Creía que, si sacrificaba algo ahora por el reino de Dios, cosecharía beneficios incalculables más adelante.

Kenneth Copeland, un autoproclamado predicador multimillonario de la prosperidad y uno de los héroes de mi infancia, decía: «Hay ciertas leyes que gobiernan la prosperidad revelada en la Palabra de Dios. La fe hace que funcionen. Funcionarán cuando se las ponga en marcha, y dejarán de funcionar cuando se detenga la fuerza de la fe».[2] Gloria Copeland, su esposa, enseñaba que la voluntad de Dios es siempre la prosperidad y que Jesús no solo da el ciento por uno a los seguidores que nos sacrificamos en la tierra (Mr 10.29-30), sino que también podemos aprovechar el retorno de ciento por uno en la tierra. El retorno centuplicado funciona así: «Si das 1 dólar por el Evangelio, la devolución total sería de 100 dólares. Con 10 dólares tendrías 1.000 dólares. Centuplicar 1.000 dólares te daría 100.000 dólares. Marcos 10.30 es un buen negocio».[3] Con mis ojos puestos en alcanzar mi sueño de vivir la vida abundante que Dios quería para mí, sabía que tenía que poner mi fe en acción para hacer que las cosas sucedieran. La enseñanza de los Copeland sobre el retorno centuplicado por dar guiaría mi camino.

---

2. Kenneth Copeland, *The Laws of Prosperity* (Fort Worth: Kenneth Copeland Publications, 1974), p. 15.

3. Gloria Copeland, *La voluntad de dios es prosperidad* (Fort Worth: Kenneth Copeland Publications, 1984), p. 71 de la edición en inglés.

Según Kenneth, todo el reino de Dios opera según los principios de plantar, sembrar y cosechar. El ciento por uno es el principio de Dios para el retorno de tu ofrenda. ¿Qué estás plantando en el reino de Dios? Espera un retorno de cien veces más de lo que das, ya sean palabras, fe, dinero o cualquier otra semilla que plantes. Entonces, ¿cuánto es cien veces más exactamente? A menudo pensamos en ello como cien veces la cantidad de semilla sembrada, pero puede ser mucho más grande que eso. El retorno de ciento por uno es simplemente el mayor retorno posible de cualquier semilla sembrada.[4]

Había oído y presenciado muchas historias que parecían corroborar las enseñanzas de los Copeland. Nunca olvidaré cómo, de niño, fui con mis padres a hacer una visita pastoral a una viuda llamada Marina. Mientras yo jugaba, ellos hablaron durante horas, y, al final de la reunión, ella les dio a mis padres un millón de dólares. Historias como esta eran comunes. Siempre y cuando fuéramos fieles a Dios y sembráramos semilla en buena tierra para el ministerio (o para líderes ungidos), Dios nos daría una cosecha que iba mucho más allá de lo que habíamos dado.

En su momento, pensé: «Si yo le doy algo, Dios me devolverá cien veces eso ¡o más! La única razón por la que la gente vive en la pobreza o la mediocridad es porque no tiene la fe necesaria para vivir en abundancia». Yo era el dueño de mi propio destino, el capitán de mi alma. Era hora de aprovechar la bendición del ciento por uno viviendo mi fe y sembrando mi tiempo como semilla. No iba a depender de la fe de mis padres. Ahora me pondría a dar y recibir por mi cuenta.

---

4. «How Much Is a Hundredfold Return?», Kenneth Copeland Ministries, http://www .kcm.org/read/questions/how-much-hundredfold-return (acceso obtenido 22 marzo 2019).

Mi tío me había estado pidiendo durante un par de años que trabajara con él, pero yo seguía diciéndole que iba a ir a la universidad a jugar béisbol. Pero ahora había aprendido lo que significa ir a por todas con Dios. Tal vez era el momento de poner a Dios primero y sembrar algo de fe en el suelo. Seguramente Dios desataría sus bendiciones sobre mis sueños si yo renunciaba a un año entero de béisbol universitario para servir al tío Benny.

Lucas 6.38 es un texto a toda prueba que usé para esta transacción. «Texto a toda prueba» es la expresión referida a tomar un pasaje de la Biblia fuera de su contexto para demostrar tu punto de vista. Es muy parecido a interpretar un documento de la manera que uno quiere y no como lo concibió el autor. Este texto en particular dice: «Dad, y se os dará; medida buena, apretada, remecida y rebosando darán en vuestro regazo; porque con la misma medida con que medís, os volverán a medir». En mi mente, servir al tío Benny era mi primer paso si quería alcanzar mi sueño de convertirme en jugador de béisbol de primera división.

Enseguida, me emocioné al escuchar las afirmaciones de mi decisión. Sembrar mi semilla de fe en el ministerio de mi tío sobre otras opciones de ministerio era una decisión sabia a causa del suelo fértil que proporcionaba. «Él es el hombre de Dios más grande del mundo», declaró un miembro de la familia. «Nadie es tan ungido como él. Dios va a bendecir tu vida de una manera poderosa por servir a tu tío Benny», me dijo otro familiar. Había dado el salto de fe que sellaría mi futuro.

En ese momento, al poner en pausa mis sueños de una carrera en el béisbol, sentí que estaba renunciando a mi vida por Jesús, tal como lo hicieron los discípulos.

4

Vivir la vida abundante

Dios quiere que tengas éxito; él te creó
para que vivas en abundancia.

—JOEL OSTEEN

—¡Te odio! ¡Te odio! ¡Te odio!

Mi padre, conduciendo su recién adquirido Ferrari F430, acababa de entrar en la propiedad del tío Benny. Viéndolo desde los escalones de su casa frente al mar en California, Benny gritaba un saludo jocoso: «¡Te odio!».

Esta visita al tío Benny estuvo marcada por una pequeña competencia fraternal. El evangelio de la prosperidad paga increíblemente bien, y también lo hacen los negocios turbios que se desarrollan en segundo plano, y teníamos las pruebas para demostrarlo. Este Ferrari en particular vino como resultado de un negocio con el primo de mi padre y de mi tío, Harold Hinn. En el mundo del evangelio de la prosperidad, es perfectamente normal mezclar el ministerio con los negocios y usar el dinero del ministerio para financiar negocios. Harold era un conocido embaucador que había estafado a otros miembros de la familia y nos habían advertido que desconfiáramos de él, pero a mi padre ya le habían hecho una oferta que no podía rechazar. Este acuerdo acabó saliendo terriblemente mal y provocó que Harold blanqueara y perdiera más de 1,3 millones de dólares. Estaban involucrados dos bancos, un casino y un montón de dinero de los miembros de nuestra iglesia. Hubo un pleito y casi lo perdemos todo. Harold acabó arrestado por fraude.

Pero, de momento, Harold había enviado el Ferrari como parte del trato, ¡y era nuestro para disfrutarlo! Yo estaba en el asiento del copiloto riéndome mientras el tío Benny salía a verlo. A veces aplaudíamos las bendiciones de los demás; otras veces, ellos aplaudían las nuestras. En este día en particular, «ganamos» nosotros. Nuestro Ferrari le ganó a su Bentley. De todos modos, todo eran bendiciones de Dios en nuestras vidas, así que nos estábamos divirtiendo un poco en familia.

Esto era lo normal para nosotros.

La descripción del trabajo

Crecer en el evangelio de la prosperidad es una cosa. Trabajar en su interior es otra. De pequeño, yo solo acompañaba. Pero, como adulto remunerado, tenía deberes dentro del ministerio y me preocupé de entender cómo funcionaban las cosas. Tenía que hacer todo lo posible para asegurar que la familia Hinn fuera bien atendida.

Mi trabajo consistía en ser uno de los asistentes personales de mi tío cuando viajábamos y servir de recogedor durante los cultos de sanidades. También servía en esta función con mi padre cuando viajábamos para los eventos del ministerio.

Como asistente personal, llevaba mucho dinero en efectivo. Normalmente se guardaba en una riñonera (preferiblemente de Louis Vuitton) y contenía propinas para gerentes de hoteles, camareros de restaurantes y choferes, así como para gastos menores en efectivo. Entre otras tareas, también llevábamos el equipaje y las maletas personales, facturábamos las entradas y salidas de los hoteles, entregábamos revistas al jefe y poníamos sus DVD favoritos en nuestros vuelos, entregábamos los pasaportes de nuestro grupo a los agentes de aduanas que subían a nuestro avión privado, pagábamos la cuenta de los restaurantes y nos ocupábamos de acomodar los bungalós y las toallas en las piscinas de los hoteles.

Como recogedor, me paraba en el escenario con mi padre o mi tío, y, cuando la gente «caía bajo su poder» (o lo que muchos cristianos llaman ser derribados en el Espíritu), yo los agarraba. El acto de caer se desencadena cuando el sanador de fe toca a una persona y grita una frase como «¡Fuego!» o «¡Sana!». Los recogedores deben estar preparados en todo momento. Hay ocasiones en las que deben agarrar a varias personas, seguir el ritmo febril de las caídas o ser derribados por el sanador de fe. Es imprescindible tener buenos reflejos. Es lo que tiene este trabajo.

El plan de beneficios

Cuando hablamos de beneficios en el evangelio de la prosperidad, no me refiero a la cobertura médica. Me refiero a la cobertura material. En menos de dos años de trabajo dentro del movimiento (sin incluir el haber crecido en él), disfruté de más lujo del que jamás podría haber imaginado. Me sentía como si estuviera junto al rey Salomón. Hay gente rica que tiene mucho dinero pero que no vive espléndidamente; luego hay gente rica que tiene mucho dinero y sabe cómo hacer que los lujos novedosos se conviertan en lo normal. Nosotros éramos de los segundos.

He aquí una muestra de los preparativos de viaje, hoteles y destinos de compras que tuve durante ese período de casi dos años:

- Viajes en avión en un Gulfstream IV (precio promedio de adquisición: 36.000.000 de dólares)
- Suite Real en el Burj Al Arab en Dubái, Emiratos Árabes Unidos (25.000 dólares por noche)
- Villa d'Este, Lago de Como, Italia (cerca de donde George Clooney posee una casa)
- El Vaticano, Ciudad del Vaticano, Roma
- El Grand Resort Lagonissi, Grecia (villas situadas en el mar Egeo)
- El Hotel Lanesborough (Londres)
- El Mandarin Oriental, Bombay, India
- El Ritz-Carlton, París
- El Ritz-Carlton, Laguna Niguel, California
- De compras en Harrods en Londres
- De compras por Rodeo Drive, Beverly Hills, California
- Suites de hotel en el Hotel de Paris, Montecarlo, Mónaco
- Juegos de azar en el Casino de Montecarlo, Mónaco
- De compras en Montecarlo, Mónaco
- Giras turísticas por Israel
- Suite presidencial del Grand Wailea, Maui, Hawái
- Casa en una playa privada, Kona, Hawái

- Choferes de vehículos Bentley, Rolls-Royce, Mercedes-Benz, Range Rover, Maserati
- Vestuario de Versace, Salvatore Ferragamo, Gucci, Bijan
- Accesorios de Louis Vuitton, Prada, Breitling, Chanel, Hermes, D&G.

Los ricos que disfrutan de las cosas más refinadas de la vida miran esta lista y se encogen de hombros. Tal vez incluso la gente con un nivel de ingresos modesto dice: «No es para tanto, ya veo que disfrutaste de la buena vida». Ambos tienen razón al considerarlo con indiferencia, hasta que recordamos que esto se pagaba con donaciones de personas desesperadas que creían que dando a un predicador de la prosperidad su dinero haría que ellos también tuvieran ese estilo de vida. Algo más desgarrador es que algunos de estos donantes esperaban ver un aumento de cincuenta centavos por encima de su salario mínimo como una bendición de Dios por haber sembrado su semilla. La gente que trabajaba más duro eran los pobres que apenas llegaban a fin de mes, pero que nos lo daban todo a nosotros.

Recuerdo cuando me di cuenta por primera vez de que nuestro estilo de vida se alimentaba de aprovecharnos de los demás y de contar con el apoyo de voluntarios y empleados que no vivían como nosotros. Yo era adolescente y estaba de viaje para visitar a mi tío en California. Tenía a un matrimonio, Ron y Sarah, que le sirvió como mayordomo y criada durante muchos años. Habían estado con él en Florida y se habían trasladado a California por el ministerio para servirle también allí.

En esta visita, Ron me recogió en el aeropuerto, y por alguna razón empecé a hablar con él sobre su vida. Me enteré de que todos los días viajaban una hora de ida y otra de vuelta para trabajar en la casa de mi tío en el condado de Orange. Tenían su vivienda a una hora de distancia porque el condado de Orange es uno de los lugares más caros para vivir en Estados Unidos. Vivían muy modestamente mientras trabajaban en la mansión con vistas al mar de 8,2 millones de dólares de mi tío, manejando una camioneta destrozada y trabajando hasta la extenuación para cuidar a sus hijos y llegar a fin de mes.

Ese día, el contraste me golpeó como una tonelada de ladrillos. Trabajaban como sirvientes a tiempo completo para mi tío y apenas podían permitirse el lujo de vivir. Ron preparaba las comidas, empacaba el equipaje de mi tío, lavaba y cuidaba su auto, lo limpiaba con un plumero antes de salir del garaje cada día, hacía las compras para la familia, sacaba la basura y paseaba al perro, entre otras cosas. Sarah hacía todas las camas, limpiaba todos los baños, lavaba todos los pisos, planchaba todas las camisas y limpiaba todas las ventanas. Sin embargo, apenas me había fijado en ellos en todos los años que los había conocido.

Por supuesto, mucha gente adinerada emplea amas de llaves y mayordomos. Pero, ¿no debería un pastor ser diferente en la forma en que cuida a sus empleados? «Tal vez por eso el ministerio de mi tío tiene tan buenos beneficios», pensé.

Había algo que no estaba bien. Pero yo era solo un adolescente, así que me quité las dudas y recelos de la cabeza.

El oro de los tontos

Nunca olvidaré el viaje a Dubái.

Nuestro vuelo aterrizó en el aeropuerto a primera hora de la tarde. Pronto llegaría el calor del día y no veía la hora de ir a nadar. Cuando nuestro Gulfstream IV se detuvo, la puerta se abrió y nos quedamos sentados. Por las escalerillas subieron agentes de aduanas para hacer los controles de pasaportes en el avión. Mientras el resto del mundo espera dos horas en la fila de aduanas, los viajeros de aviones privados disfrutan de un trato VIP. Sin sudores de recogida de equipaje, sin multitudes, sin problemas. Me alegró ver que el proceso iba tan rápido porque me moría de ganas de llegar al hotel.

Después de haber visto el Burj Al Arab en el Travel Channel, me imaginé que esto iba a ser lo más cercano que un ser humano podría llegar a experimentar el Templo de Salomón. Teníamos reservada la suite real, un alojamiento reservado para los que están podridos de dinero. Incluso se dice que los bolígrafos del hotel están bañados en oro.

Cuando nos acercamos a la zona de recogida, examiné la acera en busca de nuestros vehículos. Claro que sí, ahí estaban. Agarré la maleta Louis Vuitton de mi tío Benny, me acerqué a tres coches de lujo blancos y me subí a uno tan pronto como él estuvo a salvo en el vehículo de cabeza. El hotel ofrecía múltiples opciones de recogida, como Rolls-Royce, helicóptero y BMW, pero, en cualquier caso, el lujo era lo más importante.

Desde el momento en que los vehículos salieron del aeropuerto, empezamos a hablar con entusiasmo sobre el hotel. «Por lo visto, hay oro por todas partes», dijo uno de nuestros agentes de seguridad.

—¿Oro de verdad? ¿Cuánto podrían tener? —le pregunté.

Nuestro chofer, que era de allí, declaró que estábamos a punto de contemplar el mejor hotel del mundo. En poco tiempo, cruzamos un puente por una entrada vigilada y entramos en la isla artificial del hotel hasta el impresionante edificio en forma de vela. Descubrimos que tenía oro de verdad, aproximadamente dos mil metros cuadrados. Una lámina de oro de veinticuatro quilates cubría el interior del hotel, incluidas las pantallas de televisión. Por si fuera poco, pudimos elegir entre diecisiete tipos de almohadas, una *suite* real de 780 metros cuadrados (sin incluir las otras tres *suites* que teníamos para los líderes de seguridad y ministerio) y un mayordomo privado. Las ofrendas de nuestros fieles donantes pagaron una cuenta de aproximadamente cuarenta mil dólares por el viaje de un día. A nuestros ojos, nuestra estancia en el hotel era bien merecida. Estas escalas de descanso eran una parte esencial del plan de viaje del evangelio de la prosperidad.

Un texto a toda prueba al que acudíamos una y otra vez afirma: «Pues la Escritura dice: No pondrás bozal al buey que trilla; y: Digno es el obrero de su salario» (1 Ti 5.18). El apóstol Pablo está explicando que los pastores deben recibir un pago tal que les permita ministrar. A nuestros ojos, estábamos trabajando por la causa de Cristo al realizar todo este arduo trabajo de viaje y ministerio. Los cultos duraban casi cuatro horas, había cientos de personas que agarrar cuando eran derribadas por el Espíritu, y estábamos orando por los enfermos. Nuestro horario exigía viajes continuos debido a las grandes necesidades de personas que sufrían. Teníamos que descansar bien y ser bien remunerados para estar listos para ministrar con eficacia.

Vándalos del evangelio de la prosperidad

Aunque ciertamente me comportaba como un buen ministro durante los servicios de sanidades, mi comportamiento en el hotel y en la vida nocturna era otra historia. En un viaje a París, me alojé con mi primo en el Ritz-Carlton. Al ser un lugar con clase, el Ritz tenía un código de vestimenta. ¡Ni siquiera podías llevar *jeans*!

Bueno, mi primo y yo les mostramos nuestro gran respeto por el código de vestimenta del Ritz destrozando nuestra habitación con una batalla de alimentos. Como nuestros relojes biológicos funcionaban en la hora del Pacífico, mi primo y yo nos quedamos despiertos toda la noche, llamamos al servicio de habitaciones varias veces y nos lanzamos comida hasta altas horas de la madrugada. Nos comportamos como niños malcriados, manchando de fruta el papel de la pared y sin preocuparnos por los muebles caros que llenaban la lujosa habitación. Por la mañana, cuando salimos de nuestro hotel, apenas se dijo una palabra sobre el incidente, pero uno de los miembros del personal de seguridad de nuestro equipo nos dio una severa charla. Aparentemente habían desembolsado unos cinco mil euros para resarcir al hotel. Mi tío nunca supo nada.

La hipocresía y el comportamiento salvaje no se limitaban al interior de los hoteles. En muchos viajes frecuentamos bares y locales nocturnos, gastando miles de dólares y disfrutando de nuestra propia versión de la vida de prosperidad. A las pocas horas de haber trabajado en un servicio de sanidades y de haber organizado un programa evangélico, estaríamos fuera de la ciudad. Con miles de dólares en propinas a nuestra disposición y nuestro propio equipo de seguridad, nos comportábamos como famosos con toda clase de excesos de gastos. Además, cobrábamos bien para ser solteros, así que tener suficiente dinero nunca fue un problema. Por supuesto, este comportamiento era una evidencia de nuestro falso cristianismo, pero nosotros simplemente sentíamos que nos estábamos desahogando. La mayor parte del tiempo, el equipo de seguridad solo intentaba mantenernos vivos para que mi tío no los despidiera. Mirando hacia atrás, me doy cuenta de que esos hombres tuvieron que lidiar con muchas cosas.

California, allá vamos

Para 2003-2004, nuestro estilo de vida se estaba acelerando. Mi padre y yo manteníamos un horario riguroso, viajando tanto para su ministerio como para el del tío Benny. Estábamos en casa por unos días de vez en cuando y luego volvíamos al circuito de cruzadas. El dinero entraba a raudales. Volar por todo el mundo era como un viaje normal al trabajo.

Por esa misma época, mi hermana mayor se casó y se mudó a Florida. Con solo dos hijos en casa, mi hermana menor y yo, mis padres decidieron mudarse también al condado de Orange, California. Íbamos a mantener la mansión de casi mil metros cuadrados en Canadá (valorada en algo más de tres millones), pero, al agregar una casa con vistas al mar de dos millones de dólares en California, teníamos finalmente la vida perfecta. Dos casas, en dos bellos lugares de la Costa Oeste, sirviendo al Señor y ayudando a la gente. ¿Qué podría ser mejor?

La vida en California era increíble. El primer auto que tuve después de mudarme allí fue un Cadillac Escalade, pero después de un par de años me aburrí. Me pareció viejo y soñaba con algo más grande y mejor, así que lo cambié por un Hummer nuevo. A mis veintiún años, conducía con estilo. Mi Hummer (H2) era negro, completamente equipado, con llantas de veintidós pulgadas, cromado de principio a fin, televisores en todos los reposacabezas, tinte de limusina en todas las ventanas, y un pago mensual de mil dólares porque, ¿por qué no? Nunca pagábamos depósitos iniciales porque siempre podíamos pagar sumas altas cada mes y así no teníamos que deshacernos de grandes cantidades de efectivo de una vez. Así es como me enseñaron a manejar mis finanzas.

Cada semana comíamos en los mejores restaurantes del condado de Orange. A veces disfrutábamos de una noche con nuestra familia, y otras veces nos reuníamos con Paul Crouch (fundador de Trinity Broadcasting Network) en un restaurante de su preferencia. La flor y nata de la predicación del evangelio de la prosperidad siempre se mantuvo unida.

Pero con cada nueva compra y mejora en el estilo de vida, la demanda de financiación aumentaba. Si a esto le sumamos la competencia de seguir al ritmo de los otros predicadores del evangelio de la prosperidad, tendríamos la motivación necesaria para hacer lo que fuera para pedir dinero a los donantes. Los viajes se hicieron más frecuentes, combinando los internacionales y los nacionales. Los mensajes de televisión de mi tío se volvían más extravagantes en función de la cantidad de dinero que el ministerio necesitaba recaudar. Se traía a invitados especiales como Mike Murdock o Steve Munsey para que la multitud se animara, porque estos hombres eran considerados expertos recaudadores de fondos que habían logrado millones para ministerios como el nuestro. Al igual que una compañía sin fines de lucro contrata a un especialista en relaciones con donantes que trabaje para crear una red de simpatizantes de una buena causa, el evangelio de la prosperidad usa su red de hombres (y mujeres) adinerados para aumentar las ofrendas. Una vez que se obtenía el dinero, las cosas se calmaban de nuevo por un tiempo.

No es de extrañar que el evangelio de la prosperidad sea tan ajetreado: los salarios que ganábamos eran enormes. No era raro que mi padre ganara treinta y cinco mil dólares en un solo viaje. Se nos pagaban sumas fijas por día de viaje y por servicio. Cuando acumulas los días de viaje, la cantidad de servicios y los números de las ofrendas, el día de pago recibes muchísimo dinero si estás dentro. No era difícil (salvo por la cantidad de viajes) ganar cerca de medio millón de dólares al año.

Para los que más dinero ganan en el evangelio de la prosperidad, medio millón al año es calderilla. En 2011, *Forbes* compiló una lista de algunos de los predicadores más ricos del mundo. En uno de sus informes, basado solo en Nigeria, los primeros cinco predicadores ganaron 150 millones, 30-50 millones, 10-15 millones, 6-10 millones y 3-10 millones de dólares respectivamente.[1]

Otro informe de 2017 contenía una lista de los pastores más ricos del mundo, y los nombres del evangelio de la prosperidad encabezaban la lista. Entre los nombres se encontraban Kenneth Copeland (760 millones), T. D. Jakes (150 millones), Benny Hinn (42 millones), Joel Osteen (40 millones), Creflo Dollar (27 millones) y Joyce Meyer (25 millones).[2]

Somos como Jesús y Pablo

Fue durante toda esta época de disfrute del evangelio de la prosperidad cuando por fin me tomé un tiempo para saborearlo todo. La vida se movía rápidamente y todo parecía estar en línea con la voluntad de Dios para mí. Me sentía bendecido.

De pie en un saliente rocoso a las afueras de Atenas, tomé conciencia de todo. Allí estaba yo, alojado en uno de los hoteles más espectaculares del mundo. El Grand Resort Lagonissi estaba situado en una cala con nada más que las rocas entre el agua y

1. Mfonobong Nsehe, «The Five Richest Pastors in Nigeria», *Forbes*, 7 junio 2011, https://www.forbes.com/sites/mfonobongnsehe/2011/06/07/the-five -richest-pastors-in-nigeria/#65e9fa886031 (acceso obtenido 22 marzo 2019).
2. «Top Fifteen Richest and Most Successful Pastors in the World», *ETInside*, 9 julio 2018, http://www.etinside.com/?p=53 (acceso obtenido 22 marzo 2019).

yo. Tenía mi propia villa privada de dos mil pies cuadrados, con piscina privada y un patio enorme. En la parte delantera de toda la *suite* se abrían puertas correderas y cada noche me quedaba dormido con el sonido de la brisa marina. Mientras miraba el agua ese día, pensé: «He llegado». Esto era todo. Mi vida estaba arreglada. Yo viajaba por el mundo llevando el evangelio hasta los confines de la tierra, tal como Jesús me dijo que hiciera. Yo era parte de un ministerio que estaba sanando a enfermos de todo el mundo. Sería un varón ungido de Dios como mi tío y mi padre. Desde que era un niño, se había profetizado sobre mí que continuaría con el legado familiar de fe e impulsaría el nombre de la familia a mayores alturas. Ahora que mi tío y mi padre habían allanado el camino, todo lo que me quedaba por hacer era terminar mi compromiso de semilla de fe con el ministerio del tío Benny, jugar un poco al béisbol, graduarme de la universidad y luego saltar directamente al ministerio.

Asomado a esas rocas aquel día, contemplaba el mar Egeo, el mismo mar que el apóstol Pablo surcó en sus viajes misioneros.

Solo había un problema: no estábamos predicando el mismo evangelio que Pablo.

5

Preguntas
sin responder

El Señor me dijo que no es asunto tuyo.

—JIMMY SWAGGART

Mientras crecía dentro del evangelio de la prosperidad, lo disfruté. Cuando trabajé en el interior del evangelio de la prosperidad, me beneficié de él. Pero, cuando vi lo que me parecieron deficiencias del evangelio de la prosperidad, lo cuestioné. Las respuestas eran a menudo esquivas. A pesar de toda la confianza que tenía en la vida que vivía, surgieron serias dudas. Los hoteles lujosos y el dinero abundante eran excelentes vendas, pero no podían evitar que las preguntas acabaran sangrando.

Una serie de experiencias durante ese tiempo suscitaron preguntas que con el tiempo rompieron los cimientos de mis creencias más profundas.

Ganar millones de dólares

En el verano de 2003, *Los Angeles Times* publicó un informe que causó un gran revuelo. Escribiendo sobre los ingresos de nuestro ministerio en el año anterior, William Lobdell declara:

Las manos del sanador Benny Hinn —las herramientas de un telepredicador reconocido en todo el mundo— son delgadas, casi femeninas. Los dedos son delicados, las uñas bien cuidadas y pulidas. Una alianza de oro, tan ancha que cubre la parte inferior de su dedo anular izquierdo de nudillo a nudillo como un trozo de tubo de cobre, lleva la insignia de su iglesia. La paloma, símbolo del Espíritu Santo, brilla con un racimo de diamantes.

Estas manos pequeñas y suaves podrían ser una de dos: ungidas por Dios para sanar a los enfermos, o utilería en un esquema televisivo para hacer dinero que se aprovecha de los vulnerables. Los tonos de gris no son parte de la historia de Benny Hinn. Financieramente, por lo menos, es el sanador de fe más exitoso del mundo, habiendo recibido 89 millones de dólares en donaciones el año pasado, según funcionarios de su ministerio, World Healing Center Church. Sus seguidores llenan estadios aquí y en el extranjero para sus eventos gratuitos llamados «Cruzadas de Milagros». Dirige unas veinticuatro cada año, viajando en un *jet* Gulfstream arrendado. El promedio de asistencia es de 50.000 a 60.000 personas en dos días; hace dos años, una cruzada en Kenia atrajo a 1,2 millones de fieles, según los organizadores.[1]

---

1. William Lobdell, «The Price of Healing», *Los Angeles Times*, 27 julio 2003, http://articles .latimes.com/2003/jul/27/magazine/tm-benny30 (acceso obtenido 22 marzo 2019).

«¡Ouch! ¿Quién se cree que es este tipo?», me burlé. Claro, parecía que ganábamos mucho dinero, pero este reportero obviamente no entendía los principios de dar y recibir. Nuestros ministerios fueron bendecidos con millones porque éramos una bendición para los demás. Supongo que nuestra forma de solicitar donaciones podría considerarse escandalosa si alguien como Lobdell la convertía en un jugoso chisme periodístico, pero también podría considerarse espiritual, ¿no es así?

Por aquel entonces, una experiencia en Finlandia me dejó serias dudas sobre los métodos que usábamos para sacar dinero a los seguidores.

Un intercambio ungido

Íbamos de camino a Helsinki para ministrar. Se esperaba que asistieran al servicio solo unas cinco mil personas, una situación ligeramente distinta de la de las habituales cruzadas de masas. Llegamos a Helsinki en un frío y nublado día de invierno. Me encanta ese tipo de clima, y la arquitectura histórica entretejida con aceras de ladrillo y un telón de robles desnudos realzaba el hermoso paisaje.

Cuando el servicio alcanzó su máxima capacidad en la última noche de aquel viaje, mi padre, que dirigía el culto esa noche, le dijo a la multitud de asistentes que pusiera su mejor ofrenda en los sobres. Los ujieres empezaron a repartir sobres fila a fila. Era un momento de manipulación de dinero que me quemaba en la conciencia.

—Tráeme el aceite —le dijo a uno de los miembros de nuestro equipo. El hombre agarró la botella de aceite de oliva que tenía bajo su asiento.

En muchos servicios religiosos pentecostales y carismáticos, se cree que el aceite de oliva es un «punto de contacto» simbólico para la unción. Un punto de contacto es un elemento utilizado para transferir el poder divino a las personas. Yendo mucho más allá, los líderes del evangelio de la prosperidad y de la sanación de fe utilizan el aceite de oliva para obligar a la gente a dar dinero. Como se creía que el aceite de oliva era una sustancia especial para obtener la unción de Dios, un predicador de la prosperidad miraba a la multitud y proponía un intercambio ungido. Se trataba de la unción de Dios aplicada a su vida para la curación, el dinero, la concepción de hijos, las promociones laborales y más a cambio de una ofrenda monetaria que sería ungida con oración y aceite. Era una transacción divina que apelaba a las necesidades humanas más profundas. Tocaba las fibras más sensibles. Una solicitud típica desde la plataforma podría sonar así:

Algunos de ustedes están creyendo a Dios para la salvación de sus hijos perdidos. Algunos de ustedes tienen bebés enfermos y seres queridos que se están muriendo. Algunos de ustedes son incapaces de concebir hijos y han estado creyendo en Dios durante años. Otros de ustedes necesitan trabajo, o están endeudados, o han estado creyendo a Dios para obtener un gran progreso financiero. ¡Este es su momento! Hay una unción especial aquí esta noche para lograr avances. Quiero que siembres una semilla de fe en el reino de Dios y él te bendecirá con cualquier cosa que le pidas. Voy a ungir cada sobre de ofrendas, pero solo si pones tu mejor semilla dentro de él. Los ujieres están pasando los sobres. Siembra tu semilla y luego baja por los pasillos hasta la plataforma. Voy a poner las manos sobre ti y ungir tu ofrenda mientras la pones en los cubos aquí en el escenario.

De todos los métodos que usamos para recaudar dinero, nunca antes había notado cuán rastrero parecía este (dicho claramente).

Por mucho que me gustara que los ingresos fueran altos, algunos métodos iban demasiado lejos, incluso para nosotros.

Me encogí de hombros. Fue como si de repente tuviera conciencia. «¿Va a hacer lo que creo que va a hacer?». *Sip*.

—Pon tu ofrenda en el sobre y ven. Voy a ungir tu sobre con aceite y orar por ti mientras lo entregas —instruyó mi padre—. ¡Dios te va a bendecir por dar con sacrificio esta noche!

El Espíritu Santo me redargüía con intensidad. Tenía un nudo en el estómago. Hubiera preferido hundirme en mi asiento y morir allí mismo para evitar la escena. Después de notar que algunas personas fruncían el ceño con incomodidad, mantuve la cabeza baja todo el tiempo. Esta gente parecía un poco conservadora. Estaban muy molestos por lo que estaba pasando, pero seguían trayendo sobres de ofrendas para ser ungidos con aceite. Seguramente iban por miedo a ser los únicos que no lo hacían.

En el camino de regreso al hotel, interrogué con enojo a mi padre, pero fui silenciado de inmediato.

—No hay nada de malo en impartir la unción en la vida de las personas a cambio de que obedezcan y den su dinero por ello, Costi —me regañó—. Dios los bendecirá por ello, y nosotros somos bendecidos por ofrecérselo.

Nuestro equipo se reunió en la habitación del hotel para contar la ofrenda. Nos repartimos el botín: el pago por impartir la unción.

Había algo que no me parecía bien. Nunca nos invitaron a volver.

Una multitud de millones

Helsinki, con su escasa afluencia de cinco mil personas, fue un acontecimiento único. Si existiera un sistema de clasificación para la mejor asistencia convocada por un sanador en su vida, el nombre de Benny Hinn estaría en los primeros puestos. No es raro que atraiga a cientos de miles de personas en países como Brasil, Nigeria o Kenia. Incluso ha congregado a millones en una sola cruzada de sanidades. Nuestro viaje a Bombay en 2004 fue la primera vez en la historia de nuestro ministerio que superamos las siete cifras en un evento. Las imágenes, sonidos y olores de ese viaje llenan mi memoria hasta hoy.

—¡Cierre la puerta! ¡Cierre la puerta! —gritó mi tío desde la comodidad de nuestro avión.

No había estado en la India antes, así que no estaba seguro de por qué tanto alboroto.

—No quiero enfrentarme a este olor mientras no sea absolutamente necesario —le explicó a la azafata que había comenzado a abrir la puerta del avión. Los de Aduanas aún no venían, así que el tío Benny no quería que abrieran la puerta. Por lo visto, la India tenía un aroma que a mi tío no le gustaba.

Más tarde, mientras conducíamos por las calles de Bombay, me asombré con el tráfico salvaje. Los coches entraban y salían de los carriles, que en realidad no existían, tan rápida y caóticamente que uno solo podía desear salir ileso. En la loca carrera, vi gente sentada en las alcantarillas y niños jugando en la mugre, mientras que otros parecían hambrientos y sin esperanza. Se me revolvió el estómago. Aquí estábamos de camino al Hotel Mandarin Oriental. Pronto, una suite limpia y con clase sería nuestro hogar durante la semana, y pasábamos junto a gente desamparada y sin hogar. Estas mismas personas quizás asistieran a la cruzada para recibir sanidad. Quería parar el auto y salir y caminar por la acera. En algún lugar en el fondo, me sentía confundido y enojado. «¿Qué tiene de malo esta imagen?», me pregunté.

Tan pronto como la pregunta surgió en mi mente, desapareció. Si no lo hubiera sabido, habría pensado que estaba empezando a sonar como uno de esos críticos de las noticias de la NBC que siempre odiaron a mi tío. Comenzaron las racionalizaciones. «Estas personas están necesitadas. Satisfacemos sus necesidades. Se van a casa bendecidos con esperanza y sanación. Volvemos a casa bendecidos por la esperanza y la curación». Así que todo arreglado. Podía respirar de nuevo.

Hicimos una breve parada para visitar los terrenos de la cruzada, entablamos algunas conversaciones lisonjeras con funcionarios del gobierno local y pasamos por varias de las 120 grandes vallas publicitarias colocadas por toda la ciudad. Las palabras «Rally de oración por la India» se extendían por toda la cartelera con la cara del tío Benny mirando a los espectadores. Pronto llegamos al hotel y era hora de descansar. No tenía idea del momento histórico que estaba a punto de producirse.

El viernes por la noche de esa semana era el momento de comenzar la cruzada.

Las estimaciones oscilaban entre 800.000 y 1,3 millones de asistentes la primera noche en Bombay. Con dos servicios más en la cruzada, aplastaríamos la marca del millón de personas. Estar de pie en el escenario mirando a la concurrencia me dejó sin aliento. La multitud era tan inmensa que se desvanecía en el horizonte. Después de que el coro empezara a cantar las canciones de inicio, me dirigí al lado del escenario.

En ese momento, uno de los directores de la cruzada se acercó en un carrito de golf. «¡Costi, sube! —dijo—. Vamos a conducir hasta el final de la multitud».

Me metí tan rápido como pude. La multitud era como un mar de hormigas. ¿Cómo íbamos a atravesar todo esto? Revisé mi reloj y puse en marcha el temporizador. Cuarenta y cinco minutos más tarde, habíamos navegado por más de dos docenas de sistemas de sonido espaciados a través de los terrenos con grandes pantallas de televisión y nos habíamos abierto paso entre un millón de personas a lo largo de un camino que discurría en paralelo a los campos de cultivo. Se estima en más de cuatro millones de personas el número total de asistentes a todos los servicios.

Los enfermos

La población de Bombay es de alrededor de dieciocho millones de personas, y el veinte por ciento asistió a la cruzada. Los cientos de miles que vinieron eran los más desesperados de los desesperados. Durante uno de los cultos, mi padre me permitió reunirme con él en la zona donde se juntaban los enfermos para recibir la oración. Mi tío nunca fue a estas áreas para poner las manos sobre la gente porque tenía que dirigir el servicio desde el escenario, pero el ministerio contrató trabajadores y reclutó voluntarios para que oraran por los enfermos y buscaran posibles testimonios que traer a la plataforma. Mi padre era uno de los empleados para dirigir las líneas de curación. Mientras caminábamos por los pasillos llenos de enfermos, se me disparó la adrenalina. «¿Cómo puede estar pasando esto? ¡Mira a esta gente!», me dije.

Los pensamientos atravesaban mi mente de diecinueve años y no podía deshacerme de la emoción. Las lágrimas me caían por la cara mientras me preguntaba: «Dios, ¿dónde estás? ¡Por favor, sana a esta gente!». Un niño ciego agarraba desesperadamente a su madre. Paralíticos esperanzados yacían en el suelo o sentados en sillas de ruedas improvisadas, mientras que otros gritaban para que se orara por ellos mientras agonizaban de dolor. Algunos tenían un buen equipo médico, pero la mayoría se parecía a lo que se ve en las películas, excepto que esto no era un rodaje. Era la realidad, pero las cámaras estaban enfocadas en la hermosa música y las historias felices contadas desde el escenario.

Allí, en un oscuro rincón de Bombay, me encontré cara a cara con un tipo de desesperación que no había visto nunca. Salir de la torre de marfil me dejó confundido. Desde el palacio de oro en Dubái hasta la multitud de enfermos y moribundos. Mi corazón aún se acelera al describirlo. Se suponía que teníamos que curar a estas pobres almas. ¿Por qué no estaban siendo sanados? Se suponía que estos niños crecerían sanos, ricos y llenos de alegría. ¿Por qué no podemos ayudarlos a todos ahora mismo? Eso es lo que prometíamos, pero no lo que dábamos.

No encierres a Dios en una caja

Ya sea que viera a miles de personas hablando en lenguas sin interpretación, o que hablara con alguien de nuestro círculo íntimo que admitía haber fingido que lo derribaba el Espíritu saltando para caerse ante la onda expansiva de la chaqueta blanca (para hacer que pareciera poderosa *de verdad*), las preguntas se silenciaban con varias frases clave. La primera era: «No encierres a Dios en una caja». Lo que esto significa es que, si no aceptabas o no estabas de acuerdo con lo que se enseñaba o con las payasadas que se realizaban, no debías asumir que Dios no estaba detrás de tal cosa, de lo contrario podrías ser hallado culpable de limitar a Dios. A veces parecía que nos obligaban a aceptar la locura. Otras veces, lo que presenciábamos era tan opuesto a la Biblia que parecía que la estábamos reescribiendo por completo.

Un domingo, durante un culto de sanidades, los declaramos a todos curados, a pesar de que la mitad de las personas aún estaban enfermas al marcharse. «No encierres a Dios en una caja. Debemos creer que algo es cierto aunque nuestros ojos no lo vean». En otro servicio, se sacaba a las personas de las sillas de ruedas a diestro y siniestro y apenas podían cojear por el escenario. Una anciana hizo un gesto de dolor cuando se vio obligada a caminar frente a la multitud y le dijeron: «¡Mueva las piernas con fe! ¡No limite a Dios con su incredulidad! ¡Él la está curando ahora mismo!». Cuando la vi de nuevo, aún estaba en su silla de ruedas. «¿Cuál es el problema? —me pregunté—. ¿Realmente Dios maldijo a esa anciana en su silla de ruedas porque ella lo estaba encerrando con su débil fe?». Durante otro servicio, a una mujer le arrancaron un aparato ortopédico mientras gritaba de dolor. El pastor gritó: «¡Eso es el diablo de la enfermedad que sale de ella!».

Nuestros héroes sanadores de fe del pasado habían marcado el curso de este comportamiento, así que no estaba dispuesto a ir en contra de ellos. Smith Wigglesworth, un evangelista británico que ministró a principios del siglo XX, fue pionero en el uso de la violencia física como forma de sanación. Según se dice, una vez entró en un depósito de cadáveres y arrojó el cuerpo de un hombre contra la pared en un esfuerzo por resucitarlo. Aunque muchas de las historias más extravagantes no pueden ser verificadas, en uno de sus libros, Wigglesworth admitió que golpeaba a la gente para sanarla y dijo que estaba atacando al diablo que había en ellos.[2]

---

2. En uno de sus libros, Wigglesworth explicó sus polémicas agresiones a personas enfermas: «Hay veces en que oras por los enfermos y parece que actúas con rudeza. Pero no estás tratando con una persona, estás tratando con las fuerzas satánicas que atan a esa persona. Tu corazón está lleno de amor y compasión hacia todos, pero te conmueve una ira santa al

A menudo me escandalizaba con las historias que oía sobre Wigglesworth, pero me intrigaban los riesgos que había corrido. Ese factor de riesgo, me decían, era el sello de un cristiano fiel. Incluso celebrábamos las violentas excentricidades de Wigglesworth. «A veces, tienes que deshacerte de tu medicina, despedir a tu médico y atreverte a que Dios te sane», gritaba mi tío desde la plataforma. «Wigglesworth tenía una fe tremenda», me decía mi padre mientras me explicaba los audaces pasos que teníamos que dar para aprovechar el poder de Dios.

¿Estamos abusando de la gente? ¿Fueron los héroes de nuestra fe falsos maestros a los que seguimos hasta la infamia? ¿O era culpable de encerrar a Dios en una caja porque dudaba de lo que parecía una locura?

No toques al ungido del Señor

Cuando el sol de California irrumpió a través de la niebla marina que salía del océano, nos subimos a los autos. Era una típica mañana de lunes para la familia Hinn cuando nos reunimos con mi tío en un viaje a Beverly Hills para ir de compras, encontrándonos primero en su casa a orillas del Pacífico. Me senté en el asiento del conductor de su Benz Clase G. Yo era el chofer ese día. El resto de nuestro séquito, unos cuatro hombres (incluido nuestro equipo de protección de ejecutivos), se subieron al vehículo de seguimiento. Debían seguirnos de cerca, asegurarse de que pudiéramos cambiar de carril con facilidad y proporcionar protección si nos acechaban los *paparazzi*.

---

ver el lugar que el diablo ha tomado en el cuerpo del enfermo, y te enfrentas a su presencia con una fuerza real» (Smith Wigglesworth, *Fe milagrosa* [Miami, Fl: Editorial Vida, 1975], pp 135-36 del original en inglés).

Al arrancar el coche y salir de la entrada del tío Benny, comenzó a sonar una voz familiar por los altavoces. Era Kathryn Kuhlman, la escuchábamos y recordábamos su poderoso ministerio de antaño. A esta famosa líder del circuito televisivo le encantaba gastar sus ofrendas en las cosas más exquisitas de la vida. Ella fue esencial en nuestro aprendizaje y el modelo para nuestro ministerio, tanto en el escenario como en las adquisiciones.

En una hora más o menos, estábamos llegando a Beverly Street, justo al lado de la mundialmente famosa Rodeo Drive. Después de una breve caminata, pasamos algún tiempo en la tienda de Monsieur Bijan (solo con cita previa), donde un solo traje puede costar fácilmente más de diez mil dólares. Él diseña algunas de las mejores prendas de vestir del mundo, y los precios reflejan su estilo único y su talento poco común. Por toda la tienda hay fotos de los presidentes. Aquí era donde compraban los más ricos de los ricos y los líderes de nuestra nación. Había estado aquí más veces de las que podía contar y nunca había sentido ni un ápice de culpabilidad.

De repente, por un segundo, mi mente recordó ciertas críticas que había oído sobre nuestro ministerio. «¿A esto se refieren? —me preguntaba—. ¿Debería un pastor estar gastando más dinero en ropa en una sola compra que el salario anual promedio de la gente a la que predica? ¿Cuántas personas enfermas y desesperadas se necesitaban para pagar ese traje?». Debía tener cuidado. Tales pensamientos podrían meterme en problemas con Dios por cuestionar a un líder ungido.

Concluida la visita y realizadas las compras, visitamos la joyería Leon para comprar relojes. En las paredes había fotos de celebridades que llevaban sus relojes en las galas de los premios de Hollywood. En este día en particular, mientras me iba con otro reloj con incrustaciones de diamantes, me pregunté: «¿Qué somos? ¿Pastores? ¿Celebridades? ¿Ambas cosas?». Simplemente no tenía sentido. Estaba empezando a pensar que había una diferencia entre ser famoso por un ministerio fiel y comportarse así. «¿No debería el dinero ser una herramienta para hacer más ministerio? Sin duda está bien que un pastor sea dueño de una casa y que se le pague un salario adecuado para cuidar de su familia, pero a nuestras casas, autos, joyas, hoteles y compras se estaban destinando decenas de millones de dólares. «¿Podrían los críticos tener al menos un poco de razón?», pensé.

Esas preguntas estaban encerradas bajo llave en mi mente, para no ser expresadas, como recordé la última vez que cuestioné nuestro estilo de vida. Podía escuchar la reprimenda de los miembros de mi familia cuando me advirtieron: «¡No toques al ungido del Señor, Costi! No juzgues, no sea que tú también seas juzgado. De la misma manera en que juzgas, ¡también tú serás juzgado!».

Un sermón que escuché decía algo así: «Cuando un hombre es ungido por Dios, ¡no lo toques! Aunque ese hombre sea un demonio, el cargo que ocupa es ungido. ¡No hables en su contra o estarás maldito!». Estaba atascado entre concluir si esta orden era una mordaza o el decreto divino de Dios. ¿Era posible que la familia que yo amaba estuviera abusando de las personas con su poder e influencia? Y, de ser así, ¿no deberían rendir cuentas?

Sin nadie a quien recurrir y sin manera de encontrar respuestas, o así lo creía, el silencio y la sumisión eran mis únicas opciones.

Profecías incumplidas

Otro aspecto del evangelio de la prosperidad es el énfasis en la profecía. Conocía muy bien este lado de nuestro ministerio. La gente venía de todas partes del mundo para buscar la sabiduría profética de mi padre y mis tíos. Aferradas a cada una de sus palabras, estas personas desesperadas basaban todas sus decisiones en la profecía recibida. Usábamos una estrategia que llamábamos profecía de escopeta, disparando numerosas predicciones con la esperanza de que una de las profecías pudiera dar en el blanco y se nos considerara precisos y fidedignos.

Un día, mientras visitaba una librería cristiana, me encontré con un libro grueso titulado The Confusing World of Benny Hinn. Sus autores pasaron muchos años recopilando cientos de citas de mi tío y explicando bíblicamente por qué era un hereje.

Suspiré. «Ya están otra vez los perros guardianes cristianos». Ya había oído a Hank Hanegraaff, «el hombre de las respuestas bíblicas», criticar a mi tío en la radio. Y yo había sido testigo de la burla de amigos en la escuela cuando se quitaban las chaquetas y se derribaban unos a otros con ellas. Pensé que era otro intento más de calumniar a mi familia. Pero algo dentro de mí sentía curiosidad. Compré el libro.

Hasta ese día, rebosaba de confianza, el dinero no era un problema y las críticas me pasaban por encima gracias a la influencia global que mi familia sabía que tenía. «¿A quién le importa lo que diga la gente? —me decía a mí mismo—. Nuestra familia es la más ungida del mundo». Pero, al mirar el libro en mis manos, me pareció que pesaba cincuenta kilos.

Esa noche, toda mi casa estaba oscura, excepto por la luz de lectura junto a mi cama. Alternando entre mi marcador amarillo favorito y un bolígrafo de punta fina, pasé la noche en vela y devoré el libro.

La idea central del libro enseñaba que a Dios no le gustan los líderes que van por ahí mintiendo a la gente en su nombre. Deuteronomio 18.21-22 ordena a los hijos de Israel específicamente que no confíen ni teman a alguien que profetiza con falsedad: «Y si dijeres en tu corazón: ¿Cómo conoceremos la palabra que Jehová no ha hablado?; si el profeta hablare en nombre de Jehová, y no se cumpliere lo que dijo, ni aconteciere, es palabra que Jehová no ha hablado; con presunción la habló el tal profeta; no tengas temor de él». A continuación, los autores detallaban una serie de profecías incumplidas del tío Benny.

Una de las profecías incumplidas me llamó la atención. Los autores habían conseguido la cinta de audio del servicio dominical del 31 de diciembre de 1989. Durante el culto, el tío Benny profetizó: «El Señor también me dice que les comunique que a mediados de los años noventa, alrededor del 94 o el 95, a más tardar, Dios destruirá la comunidad homosexual de América». La declaración de Hinn fue recibida con un fuerte aplauso de su congregación. El tío Benny continuó: «Pero no los destruirá con lo que muchas mentes han pensado que es. Los destruirá con fuego. Y muchos se volverán y serán salvos, y muchos se rebelarán y serán destruidos».[3]

Al leerlo, mi mente se estremeció, pero enseguida llegó la negación. Comencé a razonar, tratando frenéticamente de procesar las emociones y los hechos: «¿Dios iba a quemar a todos los gais en 1995? Han pasado más de veinte años desde entonces, y aún no hemos visto caer fuego del cielo sobre ellos».

Este no era el típico punto de vista cristiano sobre la definición del matrimonio como algo entre un hombre y una mujer, ni tampoco era una de esas airadas demandas de arrepentimiento hacia los homosexuales. Era una profecía incumplida, lo que significaba

---

3. G. Richard Fisher y M. Kurt Goedelman, *The Confusing World of Benny Hinn: A Call for Discerning the Ministry and Teaching of the Popular Healing Evangelist* (St. Louis: Personal Freedom Outreach, 2013), p. 232.

que el tío Benny podría ser considerado un falso profeta según el criterio de la Biblia.

Recuerdo haber escuchado a mi tío decirnos que Dios a menudo cambiaba de opinión sobre ciertas profecías si la gente oraba con suficiente ahínco. «¿Quizás eso fue lo que pasó?», razoné, tratando de entender por qué su profecía no se había cumplido.

Cuando le conté a mi padre lo que había leído, me regañó. «Oh, por favor, Costi, eso es muy viejo. Esos fariseos no tienen nada mejor que hacer. Tu tío es un hombre de Dios. Ignora esas cosas». Su respuesta contuvo mis preguntas por un breve tiempo. Pero no se podía negar. Algo sospechoso estaba pasando.

Mi vida entera corría peligro de desmoronarse. Pero no estaba preparado para enfrentarme a lo que eso implicaría. ¿Cómo podría plantar cara a un imperio sin ser aplastado? ¿Se suponía que tenía que enfrentarme a mi familia? ¿Qué diría mi padre si finalmente presionase lo suficiente como para crear problemas? ¿Perdería a mis seres queridos? ¿Acabaría en la calle? ¿Muerto? ¿Cómo iba a sobrevivir?

Las preguntas se arremolinaron en mi mente a lo largo de varios años, y al fin llegaron las respuestas de la manera más inverosímil. Pronto habría una linda muchacha y pastores que me ayudarían, pero todo comenzó con un entrenador de béisbol bautista que me enseñó más sobre la vida que sobre el béisbol. Él plantó las semillas de la verdad del evangelio en lo más profundo de mi alma.

6

No dejes que esos bautistas te laven el cerebro

Si Dios no es soberano, entonces Dios no es Dios.

—R. C. SPROUL

Después de dos años de trabajo para el tío Benny, en el otoño de 2004 me matriculé en un *community college* de California para realizar algunos de los estudios que tanto necesitaba. También empecé a jugar béisbol de nuevo. Antes de darme cuenta, estaba en pleno apogeo de mi segundo año y la temporada estaba siendo excelente. Un día, durante los entrenamientos, el entrenador me llamó para preguntarme a dónde quería trasladarme. No puedes jugar los cuatro años de béisbol en un community college, así que el siguiente paso lógico era el traslado a una universidad. Algunas escuelas habían llamado preguntando por mí para reclutarme, pero el entrenador quería saber adónde quería ir yo. Le dije: «Universidad Bautista de Dallas».

En ese momento, la Universidad Bautista de Dallas (DBU, por sus siglas en inglés) era una pequeña universidad de la división 1, pero estaba desarrollando un sólido programa de béisbol. Sobre todo, pensé que encajaría bien porque me pareció un buen lugar para alejarme de la familia por un tiempo. Apaciguaría a mis padres también, porque era una institución cristiana. Aunque mis padres preferían que fuera a la Universidad Oral Roberts (que también era cristiana y de la división 1), entendieron que yo no quisiera ir allí después de que mi hermana y mi prima ya hubieran ido.

Mirando atrás, me doy cuenta de que Dios estaba orquestando su plan para mi vida y colocándome con misericordia en una posición que me expusiera a la verdad. Pero, a pocas semanas de mi traslado a Dallas, recibí enseguida advertencias muy claras.

—Costi, quiero que me escuches. Soy tu padre y tienes que seguir mi consejo —comenzó mi padre «la charla» esa noche en un pequeño restaurante italiano en Dana Point, California.

—Esa gente de Dallas son bautistas. Ellos enseñan algunas cosas buenas, pero, al final, te desviarán. Todos ellos tienen conocimiento de cabeza, pero sin corazón. Tienen algo de la verdad, pero no tienen el poder que hay detrás —explicó—. Ellos contristan al Espíritu Santo. Asegúrate de no volverte como ellos.

—Relájate, Baba, puedo arreglármelas —le dije. (Baba es el nombre que le doy a mi padre en árabe)—. Voy a ir allá a jugar béisbol, no a convertirme en un pobre bautista. No importa lo que hagan o digan. Sé quién soy, de dónde vengo y qué es lo que tengo que hacer.

—No pierdas la unción de tu vida —concluyó—. Tu madre y yo estamos muy preocupados.

Por aquel entonces, el entrenador jefe de la DBU que me había contratado me llamó para decirme que había aceptado un trabajo en Nebraska, pero que yo estaría en buenas manos con su sustituto, el entrenador asistente, Dan Heefner. No estaba contento. Había disfrutado de una buena conexión con el entrenador con el que había hecho la visita de reclutamiento y no tenía ni idea de lo que me esperaba bajo un nuevo régimen de entrenamiento. «Oh, bueno —pensé—. Un nuevo entrenador, una nueva universidad, ¡allá vamos!».

Lo que piensan los bautistas sobre el evangelio de la prosperidad

Tal vez te estés preguntando por qué el hecho de que yo fuera a una universidad bautista era tan grave para mi familia.

Por no andarme con sutilezas, diré que los bautistas *odian* el evangelio de la prosperidad. Esto no quiere decir que odien a la gente que lo predica, sino que odian el contenido porque mancha el verdadero evangelio. A Russell Moore, presidente de la Comisión de Ética y Libertad Religiosa de la Convención Bautista del Sur, se le ha citado numerosas veces en su repudio al evangelio de la prosperidad. Él, junto con el predicador y activista de los derechos civiles John Perkins, denunció el evangelio de la prosperidad como algo que perjudica especialmente a los afroamericanos en Estados Unidos. Perkins llamó al predicador de prosperidad afroamericano Creflo Dollar (sí, su apellido es Dollar) por tratar de recaudar sesenta y cinco millones para su propio *jet* privado cuando ese dinero podría haber establecido una escuela evangélica afroamericana acreditada. Perkins calificó el evangelio de la prosperidad de «casi brujería», y Moore dobló esa afirmación llamándolo de plano brujería.[1]

Albert Mohler, presidente de la escuela emblemática de la Convención Bautista del Sur, el Seminario Teológico Bautista del Sur, es de los que nunca se echan atrás a la hora de decir la verdad en un foro público. No se anda con rodeos cuando dice sobre el evangelio de la prosperidad:

> La teología de la prosperidad es un falso evangelio. Su mensaje es antibíblico y sus promesas son nulas. Dios nunca asegura a su pueblo la abundancia material ni la salud física. En realidad, a los cristianos se les prometen las riquezas de Cristo, el don de la vida eterna y la seguridad de la gloria en la presencia eterna del Dios vivo. En el fondo, el problema principal de la teología de la prosperidad no es que promete demasiado, sino que promete demasiado poco. El Evangelio de Jesucristo ofrece la salvación del pecado, no una plataforma para la prosperidad terrenal. Aunque debemos tratar de entender qué es lo que impulsa a tantos hacia este movimiento, nunca debemos dejar de ver su mensaje como lo que es: un evangelio falso y fallido.[2]

---

1. Russell Moore, «How the Prosperity Gospel Hurts Racial Reconciliation», DesiringGod.org, 25 abril 2015, https://www.desiringgod.org/articles/how-the-prosperity-gospel-hurts-racial-reconciliation (acceso obtenido 22 marzo 2019).

2. Albert Mohler, «It Promises Far Too Little—The False Gospel of Prosperity Theology», Albert Mohler.com, 18 agosto 2009, https://albertmohler.com/2009/08/18/it

Conrad Mbewe, el valiente predicador africano y pastor de la Iglesia Bautista Kabwata en Lusaka, Zambia, ha sido claro en cuanto al evangelio de la prosperidad durante años. Desde que subió al púlpito en su iglesia, ha sido testigo de cómo el evangelio de la prosperidad se apoderaba de su continente. Mbewe llama al evangelio de la prosperidad «fraude religioso».[3]

Es evidente que a los bautistas no les gustan los charlatanes de la prosperidad que se aprovechan del dinero de los pobres, ni tampoco aprueban engañar a la gente con una versión falsa de Jesús.

El joven Hinn entraba en un Hummer en el campus de la institución educativa apoyada por la Convención Bautista del Sur, la Universidad Bautista de Dallas. ¿Qué podría salir mal?

Cordial, pero no permisivo

En el otoño del 2007, entré a mi clase de Panorama del Nuevo Testamento y me senté en la última fila. Mi primer profesor en la DBU fue el doctor Mike Milburn. Comenzó a pasar lista el primer día.

Con un deje tejano, dijo: «Costi Hinn», y levantó la vista.

—Presente —murmuré.

—¿Eres pariente de Benny? —bromeó. Sonaba más como «Binny» con ese acento sureño.

-promises-far-too-little-the-false-gospel-of-prosperity-theology/ (acceso obtenido 22 marzo 2019).

3. Conrad Mbewe, «Our Criminal Evangelical Silence», Conradmbewe.com, 11 octubre 2012, http://www.conradmbewe.com/2012/10/our-criminal-evangelical-silence.html (acceso obtenido 22 marzo 2019).

—Sí, señor —dije, inquieto en mi asiento y esperando que pasara al siguiente nombre.

—Bien, supongo que tendré que cuidar un poco mis palabras cuando lleguemos a ciertas partes del material de clase, ¿no es verdad? —se rio.

Sonreí incómodo, sin saber qué decir.

—Estoy bromeando, relájate —me calmó con una cálida sonrisa.

Mientras revisábamos el Nuevo Testamento, el doctor Milburn nunca me trató mal, ni me hizo ningún comentario irrespetuoso, ni forzó su programa contra mí. No obstante, enseñaba la Biblia sin complejos, despertando en mí un profundo interés por las Escrituras. Además de presentar un material sólido, el doctor Milburn contaba historias, lo que hacía que el tiempo de la clase pasara volando. Su modelo de ministerio puede resumirse en una sola palabra: fidelidad. Hasta su jubilación en 2016, fue pastor de la misma iglesia en Burleson, Texas, durante veintinueve años. Por ser un hombre íntegro y coherente, el periódico local lo felicitó por todo el trabajo que había realizado en esa comunidad.[4] Esa imagen de longevidad y fidelidad, sin ninguna discusión sobre la integridad o las gestas financieras, era algo que nunca había encontrado. Mi experiencia en esa primera clase es una perfecta ilustración de la clara verdad que se me enseñó y de la amabilidad que se me mostró en la Universidad Bautista de Dallas.

---

4. «Milburn "Understood What People Needed": Pastor Retires after Twenty-Nine Years at Burleson's First Baptist Church». *Burleson Star*, 23 agosto 2016, https://www.burlesonstar .net/news-local-news/milburn-understood-what-people-needed. (acceso obtenido 22 marzo 2019).

Vine por el béisbol pero me encontré con más Biblia

Mi clase de Nuevo Testamento no fue el único lugar en el que encontré un evangelio diferente al que yo había vivido. El programa de béisbol también era un ejemplo del compromiso de fe de la institución. El equipo hizo un viaje misionero a Guatemala durante el receso de otoño, realizaba talleres de béisbol en Oak Cliff (una comunidad cercana con diversas necesidades) y se dedicaba al discipulado, al discipulado y luego a más discipulado. Teníamos un grupo de estudio bíblico llamado The Oaks, donde debíamos memorizar las Escrituras y reunirnos con nuestros compañeros para rendir cuentas. También había un estudio de discipulado con todo el equipo cada miércoles a la una del mediodía, justo antes de nuestra práctica oficial. El entrenador Heefner nos enseñó de la Biblia sobre temas como el matrimonio, las citas, la pureza sexual y el carácter.

Puedo decir con toda honestidad que la mayoría de mis compañeros de equipo vivía su fe de una manera increíble. Lamentablemente, yo era muy bueno diciendo todas las cosas correctas pero viviendo de forma hipócrita. Aun así, el programa siguió adelante, desafiándome y moldeándome. Cada día que pasamos en la cancha, nos llenábamos de principios espirituales. El trabajo duro no era negociable. Si no llegabas quince minutos antes, llegabas tarde, y, si no eras un jugador de equipo, estabas perdido. Era uno para todos y todos para uno. Éramos un equipo y el entrenador Heefner era el pegamento que lo mantenía unido, solo que no dependía de sí mismo, dependía de Dios.

Después de un estudio de seis semanas sobre las relaciones y el matrimonio bíblico, nos confrontó a todos en el vestuario:

—¡Entiendan esto, muchachos! Todo empieza con ustedes. Ser un hombre es asumir la responsabilidad de sus acciones y de sus familias algún día. Los hombres de verdad no culpan a sus esposas por sus propios fracasos y defectos. Los hombres de verdad confiesan y dan ejemplo.

Todavía recuerdo el sonido de su voz. Su habitual conducta tranquila y serena era inquebrantable.

—Y recuerden esto: los hábitos que están formando y con los que están viviendo durante estos años los acompañarán en los años venideros. Asegúrense de entenderlo. En lo que se conviertan ahora los moldeará para el resto de su vida. Su futura esposa y su futura familia estarán ligadas e influenciadas por quien ustedes elijan ser.

El entrenador siguió contándonos historias sobre la integridad y el carácter de grandes jugadores como Ben Zobrist (quien fue el Jugador Más Valioso de la Serie Mundial con los Chicago Cubs en 2016). Ben era el cuñado del entrenador Heefner y un exalumno de béisbol de la Universidad Bautista de Dallas, así que el entrenador lo conocía bien. Nos contó algunas de las estrategias que Ben usaba cuando estaba de viaje en las grandes ligas para mantenerse sin tacha. Era un ejemplo de un verdadero cristiano, comprometido con hacer lo correcto incluso cuando nadie miraba. Este tipo de historias siempre tuvieron resonancia entre nosotros porque podíamos relacionarnos con otros atletas que estuvieran en las trincheras de la tentación.

Se me hizo un nudo en el estómago, de remordimiento. Yo era un hipócrita total. Realmente quería lo que el entrenador describió al hablar de un matrimonio, una vida y un carácter piadosos, pero ¿cómo? Mi vida lucía bien por fuera, pero por dentro era un desastre. Estaba memorizando todos los pasajes bíblicos que nos asignaron. Podía recitar 1 Juan 1.9, 1 Corintios 10.13, Gálatas 2.20, 2 Corintios 5.17, Juan 5.24, etc. Estaba siguiendo mi plan de lectura bíblica, obteniendo buenas notas en la lista del decano, y trabajando duro en la cancha y en la sala de pesas, pero mi corazón no estaba cambiando. Quería la otra vida, pero no parecía posible tenerla sin dejar todo lo que había conocido. «¿Es así como funciona el cristianismo? —me preguntaba—. ¿O es el lavado de cerebro bautista del que me advirtió papá? ¡Quizás sí que me están echando a perder!».

La semilla de la soberanía

Fueron las palabras del entrenador Heefner durante una calurosa sesión vespertina las que sembraron la semilla de la verdad que finalmente diezmó mi sistema de creencias. Esa tarde fue particularmente intensa. Siempre tratábamos los entrenamientos como un partido de verdad, así que, en nuestras mentes, esto no era un entrenamiento: era un partido. Pero lo que hizo que las cosas se pusieran realmente tensas fue que había un cazatalentos de los Yankees de Nueva York sentado en las gradas, justo detrás de la meta. Los reclutadores visitaban los entrenamientos para ver a los jugadores que les interesaban, y nuestro equipo contaba con numerosos futuros jugadores profesionales y múltiples jugadores de las grandes ligas. Victor Black pasó a jugar para los Mets, Brandon Bantz finalmente fue reclutado por los Mariners, y Ryan Goins se convirtió en el favorito de los aficionados de los Blue Jays antes de terminar con los Royals, y ahora con los Phillies. Con tantos jugadores de talento en el equipo, cada vez que aparecía un cazatalentos había nervios. Si das un buen espectáculo, un jugador puede acabar siendo reclutado.

Si decepcionas, podrían tacharte de su lista de observación. El entrenador entendió la presión a la que estábamos sometidos, así que dirigió nuestra atención a un nivel superior de pensamiento: la verdad bíblica.

—¡Reunión! —nos convocó para una charla rápida— Oigan, no quiero que se preocupen por los cazatalentos. Tenemos un trabajo hoy, y es jugar este partido para la gloria de Dios. Los cazatalentos no tienen el control. Dios es el soberano—. Entonces citó Proverbios 21.1—: «Como los repartimientos de las aguas, así está el corazón del rey en la mano de Jehová; a todo lo que quiere lo inclina». Dios controla a los reyes, controla a los cazatalentos y está en control de tu vida. ¡Él es soberano! Ahora salgan, diviértanse y jueguen el partido.

Mi mente pasó del béisbol a la realidad general. Mi teología del evangelio de la prosperidad no me permitía procesar su declaración. «¿De qué está hablando? ¿Qué significa eso? ¿Así que el cazatalentos es solo una marioneta? ¿Nuestro futuro ya está decidido? ¿Mi fe no controla nada? Se supone que tenemos que tener fe en lo que queremos y así Dios lo hace. ¿Soberanía de Dios? Bien, entrenador, ¿cómo consigo que la soberanía actúe a mi favor? ¡Teniendo suficiente fe! Así es como se hace. Los chicos solo necesitan tener suficiente fe para ser reclutados y lo serán. Fin de la historia».

Tal vez el entrenador no era tan listo como yo pensaba. Tal vez podría enseñarle un par de cosas acerca de tener fe y declarar las cosas para que existan. Mi taquilla y el estacionamiento fuera del estadio de béisbol contenían todas las pruebas que necesitaba. En mi taquilla estaba mi reloj Breitling de edición limitada de diez mil dólares. En el aparcamiento estaba mi Hummer de ochenta mil dólares, cromado y repleto de pantallas.

¿La soberanía de Dios le proveyó eso a este universitario? ¡No! Fue la fe. O eso pensaba yo.

Una vida abierta y una Biblia abierta

Las secuelas de la bomba de la soberanía de Dios se calmaron pronto, pero yo sentiría sus efectos más adelante. Durante el resto de mi tiempo en la DBU, la vida se llenó de amistades, béisbol y del testimonio de la vida del entrenador Heefner dentro y fuera del campo.

En el Día de Acción de Gracias, el entrenador invitó a cenar con él y su familia a todos los jugadores que no iban a ir a casa, y a varios otros, y acepté su oferta. Se puede aprender mucho sobre alguien visitándolo en su casa. Durante toda la tarde y la noche, me sorprendió la normalidad de la vida familiar del entrenador y la coherencia que mostraba. Incluso su esposa e hijos reflejaban a Cristo ¡y eran felices haciéndolo! En un momento dado, sus hijos sacaron unas espadas de espuma para un duelo, y en un breve descanso por una dura lesión del niño menor se armó un verdadero escándalo. «Nadie es perfecto, pero este tipo es auténtico», reconocí. Al final de la tarde, la sabiduría del entrenador se hizo patente. Nos habló de los libros que estaba leyendo, el libro de la Biblia que estaba memorizando (sí, un libro entero) e incluso compartió algunas de sus estrategias para la educación de los hijos. En general, su vida era diferente a cualquier otra vida que yo hubiera visto. No había hipocresía, no había abuso de poder ni trampas en el sistema, y no había tergiversación de las Escrituras.

La graduación se produjo en 2009. El capítulo bautista de Dallas de mi vida se cerró y California me llamaba a casa para la siguiente etapa de mi vida. Planeaba aceptar una oferta de trabajo como entrenador deportivo para trabajar con deportistas profesionales y universitarios. Aparte de eso, tenía el deseo de entrar en la obra del ministerio. Aunque seguía aferrado a mi sistema de creencias, después de mi estancia en la DBU, sentía la necesidad de ser diferente, pero todavía estaba inmerso en el pecado y en el estilo de vida del evangelio de la prosperidad. Sin embargo, las cosas estaban a punto de dar un giro impredecible. Muy pronto la soberanía de Dios iba a poner mi mundo patas arriba.

La soberanía de Dios frente al evangelio de la prosperidad

Es importante dedicar un momento a comprender lo que significa que Dios es soberano. Para el cristiano, creer que Dios es soberano es una cosa, pero vivir a la luz de esa verdad a veces puede parecer una lucha doctrinal, sobre todo si te has criado en el evangelio de la prosperidad.

La Biblia enseña claramente que «Nuestro Dios está en los cielos; todo lo que quiso ha hecho» (Sal 115.3). Pablo, bajo la guía del Espíritu Santo, dijo a los cristianos en Éfeso que Dios «hace todas las cosas según el designio de su voluntad» (Ef 1.11). Cuando Job estaba pasando por el infierno en la tierra —al perder su salud, sus riquezas e incluso a sus hijos— su respuesta a Dios después de preguntarle no fue maldecirlo, sino someterse a su soberanía. En una respuesta sin precedentes al peor sufrimiento que una persona puede soportar, Job le dijo a Dios: «Yo conozco que todo lo puedes, y que no hay pensamiento que se esconda de ti [...]. Por tanto, yo hablaba lo que no entendía; cosas demasiado maravillosas para mí, que yo no comprendía [...]. De oídas te había oído; mas ahora mis ojos te ven. Por tanto me aborrezco, y me arrepiento en polvo y ceniza» (Job 42.2-3, 5-6).

Después de pasar por todo lo que pasó, Job le preguntó a Dios, pero rápidamente se dio cuenta de que había cosas en la vida que tal vez nunca entendería del todo. Se consoló al saber que Dios tenía el control del resultado y era soberano en medio de su dolor.

Algunos pueden preguntarse: «Si Dios es soberano, ¿acaso somos todos títeres en sus hilos celestiales?». La respuesta es un rotundo ¡no! La soberanía de Dios no niega nuestra responsabilidad ni nuestro libre albedrío para tomar decisiones. Esta es una tensión divina en la que debemos contentarnos con vivir porque es exactamente como la Biblia la describe. La gloriosa doctrina de la soberanía de Dios y la realidad de nuestro libre albedrío no debe confundirnos; más bien, debe humillarnos para que entendamos mejor nuestra posición. Dios es soberano, infinito y el sustentador de todas las cosas (Ro 11.36). Nosotros somos humanos, finitos y se nos ha dado la libertad de ejercer nuestra voluntad en la tierra y elegir en este día a quién serviremos (Jos 24.14-15). Si elegimos servir a nuestros apetitos y no complacernos en nada más que en nuestros placeres, cosecharemos el resultado de esas elecciones egoístas. Si elegimos someternos al Dios soberano del universo para hacer las cosas a su manera, cosecharemos el resultado de esas elecciones obedientes.

También puede surgir naturalmente la pregunta: «Si Dios es soberano, ¿por qué les suceden cosas malas a las personas buenas?». La verdad es que la soberanía de Dios no queda comprometida en absoluto cuando le suceden cosas malas a la gente buena. Puede que nunca sea una píldora fácil, pero la Biblia nos muestra claramente que, incluso cuando el mal parece haber ganado, eso está sirviendo a los propósitos supremos de Dios.

El relato de José, narrado en Génesis 37–47, es una historia que debes tener cerca de tu corazón siempre que surjan preguntas en medio de tu dolor. José era uno de doce hermanos y el favorito de su padre, y sus hermanos tuvieron envidia de él. Lo arrojaron a un pozo, lo vendieron como esclavo y le dijeron a su padre que había muerto. Durante los años siguientes, José fue acusado falsamente de violación e incluso fue llevado a prisión. Una injusticia tras otra. ¿Es que nunca iba a tener un descanso? Aun así, recibió cada golpe con integridad y se aferró a su confianza en Dios. Con el tiempo, fue liberado de la prisión y, en recompensa por su carácter y su confianza en Dios, ¡se convirtió en la mano derecha del faraón egipcio! Fue puesto a cargo del almacenamiento y la distribución de alimentos durante una hambruna de siete años, y los pobladores de las tierras vecinas viajaron grandes distancias para comprar alimentos de Egipto.

Un día, adivina quién apareció. Sí, esos mismos hermanos que lo habían vendido. Habían pasado tantos años que no lo reconocieron. Después de jugar un poco con ellos (¿qué hermano no lo haría en esa situación?), José reveló su identidad. Los hermanos pidieron perdón y declararon que serían sus siervos. José, que había aprendido a confiar en la soberanía de Dios, dijo esto en respuesta: «No temáis; ¿acaso estoy yo en lugar de Dios? Vosotros pensasteis mal contra mí, mas Dios lo encaminó a bien, para hacer lo que vemos hoy, para mantener en vida a mucho pueblo» (Gn 50.19-20). ¿Qué te parece eso como perspectiva? José sabía que no importaba el mal que hubiera sucedido, al final, Dios lo resolvería para bien.

El famoso predicador del siglo XIX Charles Spurgeon predicaba a menudo sobre la soberanía de Dios porque es una de las doctrinas más importantes para el cristiano. Que Dios sea soberano significa que es supremo y todopoderoso y que posee autoridad completa. Para aquellos que están conscientes de su gran necesidad de Dios, la doctrina de la soberanía es un lugar acogedor para descansar sus almas cansadas, dejándose llevar y dejando a Dios actuar. De todas formas, ¿de qué serviría si nos pusieran al mando? Pensar que soy el amo de mi destino y el gobernante de mi mundo es una carga que el lado orgulloso de mi humanidad anhela soportar, pero es demasiado pesada para llevarla. Que Dios sea soberano significa que un día enjugará toda lágrima y corregirá todo mal. Habrá un corto tiempo en la tierra en el que la confusión y el dolor parezcan estar desbocados, pero nuestras vidas no son más que puntos comparados con la eternidad. Una cantidad infinita de años en el cielo nos dará sanidad, riquezas, gloria y, lo mejor de todo, vida con Jesús. No importa a lo que nos enfrentemos en esta vida, Dios tiene el control. Podemos confiar en sus promesas de un futuro mejor.

Arthur Pink nos recuerda que hoy en día apenas se predica la soberanía de Dios, aunque se debería hablar mucho más de ella. Quizás despreciamos la idea de que alguien que no somos nosotros mismos tiene el control. O quizás esta creencia nos parece incómoda porque decide confiar en Dios en medio de nuestras deficientes respuestas. Él escribe: «"La Soberanía de Dios" es una expresión en otros tiempos generalmente entendida. Era una expresión usada comúnmente en la literatura religiosa. Era un tema frecuentemente expuesto en el púlpito. Era una verdad que consolaba a muchos corazones, y daba virilidad y estabilidad al carácter cristiano. Mas, actualmente, mencionar la soberanía de Dios es en muchos sectores hablar en lengua desconocida».[5]

R. C. Sproul explica que «la soberanía es un atributo divino confesado casi universalmente en el cristianismo histórico» y que «si Dios no es soberano sobre todo el orden creado, entonces no es en absoluto soberano».[6]

La soberanía de Dios es importante para el cristianismo, y casi podría decirse que negar la soberanía de Dios no es cristiano. El evangelio de la prosperidad ciertamente niega la soberanía de Dios en tanto en cuanto degrada a Dios a la posición de un títere y eleva al hombre a la posición de un titiritero que hace exigencias confesionales por medio de la fe. Lo hace considerando la fe como una fuerza y a Dios como el que debe responder a nuestra fe. Esto es una tergiversación herética de la verdadera fe. La Biblia describe la fe verdadera y la confesión correcta como:

- La forma de confesar a Dios nuestro pecado (1 Jn 1.9).
- La manera de entregar nuestras vidas a Jesucristo (Ro 10.9).
- La forma de agradar a Dios (Heb 11.6).
- La forma de ser justificado ante un Dios justo (Ro 5.1).
- La manera de acercarse a Dios para obtener sabiduría y guía (Stg 1.5).
- La forma de confiar en las promesas venideras de Dios (Heb 11.1).
- La forma de vivir a la luz del sacrificio de Cristo por nosotros (Gá 2.20).

---

5. Arthur Pink, *La soberanía de Dios* (Edimburgo, GB: Estandarte de la verdad, 1990), p. 20.

6. R. C. Sproul, *What Is Reformed Theology?* (Grand Rapids: Baker, 1997), pp. 28-29.

Ninguno de estos ejemplos o la multitud de otros pasajes de la Escritura declaran que la fe y la confesión son los medios por los cuales se puede mover a Dios para garantizar la salud y la riqueza. Él es soberano; nosotros, no.

En cambio, el evangelio de la prosperidad toma la soberanía de Dios y la desecha, afirmando que podemos controlar al Dios del universo. En la más arrogante declaración que el ser humano pueda hacer, los predicadores de la prosperidad declaran que nuestras bocas controlan nuestro dinero, y mucho más. Ellos predican que:

- Dios quiere que estés sano. Solo necesitas confesarlo y creerlo.
- Dios quiere que seas rico. Solo necesitas confesarlo y creerlo.
- Dios quiere que tu vida sea cómoda y fácil. Tu confesión controla tus resultados.
- Dios quiere que tengas todo lo que necesitas. El problema está en tu negatividad.
- Dios ya envió a Jesús a morir por tu vida abundante. El problema está en tu fe.
- Dios ya envió a Jesús a morir para que ese ascenso laboral sea tuyo.
- Dios ya envió a Jesús a pagar tu deuda para que puedas vivir sin deudas.

En el evangelio de la prosperidad, todo son promesas terrenales. Si pronuncias estas frases en voz alta, casi puedes escuchar la voz de Joel Osteen en cada una de ellas. Él, y el resto de los predicadores de la prosperidad de todo el mundo, te dirán que, si quieres algo ahora mismo, tienes que confesarlo, creerlo y, por supuesto, pagar dinero por ello. Claro, te dirán que Jesús es el camino al cielo (Jn 14.6), pero no murió simplemente para darte el cielo venidero. ¡Murió para darte riquezas hoy!

En su superventas de la lista del *New York Times*, Joel Osteen escribe: «Quizá Dios haya susurrado algo en tu corazón que te pareció totalmente imposible. Es posible que te parezca imposible que puedas volver a estar bien, que puedas salir de las deudas, casarte, bajar de peso, iniciar un nuevo negocio. En el plano natural y físico las tienes todas en contra: no ves de qué modo podría suceder. Pero para poder ver que se concretan esos sueños tienes que hacer que tus labios pronuncien las palabras correctas, y utilizar esas palabras para desarrollar dentro de ti una nueva imagen [...]. No uses tus palabras sólo para describir tu situación. Úsalas para cambiarla».[7]

Paula White, una predicadora de la prosperidad de renombre mundial y asesora presidencial de Donald Trump, afirma saber exactamente por qué Jesús vino a la tierra. No fue para reconciliarte con Dios Padre. No fue meramente para pagar por el pecado y proveer las riquezas eternas y la gloria del cielo a los pobres, los ricos y los quebrantados. ¡Vino a hacerte saludable y rico! En su libro *Living the Abundant Life: Why Not Me? Why not now?* se atreve a afirmar: «Prosperidad significa: bienestar, bienestar, riqueza, éxito, dinero, buena fortuna, golpes de suerte, bendiciones y un regalo de Dios [...]. Jesús dijo: "yo he venido para que tengan vida, y para que la tengan en abundancia". No dijo: "Tienes que esperar a llegar al cielo antes de ser bendecido". Dios vino a darme vida

---

7. Joel Osteen, *Lo mejor de ti: 7 pasos para mejorar tu vida diaria* (Nashville: Grupo Nelson, 2007), p. 113.

abundante [...]. ¿Cómo comienzo a vivir la vida abundante de Cristo? No puedes ser alguien que no diezma y tener el progreso de Dios».[8]

Esta tergiversación de la Biblia convierte a Dios en un banquero cósmico encargado de dispensar tus deseos. Hace que la muerte de Jesús en la cruz sea simplemente una transacción para brindar una recompensa terrenal de autos elegantes, salud perfecta y cuentas bancarias en expansión. Si fuera tan fácil, entonces ¿por qué cada persona que confiesa a Jesucristo como Salvador y Señor no ve de repente que sus bolsillos se llenan de dinero? ¿Por qué no se cura su cáncer cuando se arrepienten de sus pecados y confiesan a Jesús como su amoroso Redentor? Si la soberanía de Dios solo sirve para proveer salud y riqueza, y Jesús murió para dar una vida abundante a todos, entonces ¿por qué son los predicadores de la prosperidad los únicos que conducen Bentley y viven en áticos multimillonarios en Nueva York?

Cuando malinterpretamos la soberanía de Dios, malinterpretamos a Dios. Cuando nos equivocamos con la vida abundante, nos equivocamos con Jesús. Cuando nos equivocamos con la fe y la confesión, estamos equivocados con respecto a la salvación.

¿Por qué es un asunto tan importante? Porque todos los caminos que marca el evangelio de la prosperidad conducen al infierno.

---

8. Paula White, *Living the Abundant Life: Why Not Me? Why Not Now?* (Tampa: Paula White Ministries, 2003), pp. 56–57.

7

Matrimonio y ministerio: un desastre designado por Dios

En la infinita sabiduría del Señor de toda la tierra,
cada acontecimiento llega con precisión exacta a su
lugar apropiado en el desarrollo de su plan divino.

—B. B. WARFIELD

Ella conducía un Toyota Yaris. Yo, un Hummer. Ella había trabajado desde los dieciséis años. El único trabajo que yo tenía era viajar en un jet Gulfstream. Sus padres eran obreros muy trabajadores. Nosotros éramos paladines del evangelio de la prosperidad. Es como si fuéramos de dos planetas diferentes. Pero pronto esta chica llamada Christyne se acercaría por un pasillo con su vestido blanco mientras yo luchaba contra las lágrimas al verla aproximarse. Antes de ese momento, sin embargo, Dios permitiría que algunos serios reveses me llevaran a una nueva etapa de la vida y a una verdadera fe salvadora.

Todo lo que siempre quise, todo lo que necesito

Era un espléndido fin de semana de septiembre de 2009 cuando mi mejor amigo de entonces me invitó a acompañarlos a él y a su novia a un festival de música country en el lago Elsinore, California. Se celebraba en un estadio de béisbol, así que pensamos que sería divertido estar en la cancha para el concierto. Me regaló una entrada y me ofrecí a conducir. Su viejo Honda Civic blanco era un poco menos cómodo que mi Hummer.

El concierto era un evento de dos días. Estacionamos junto a miles de personas y dejé abierta la escotilla trasera del Hummer para poder escuchar la música por los altavoces. El único problema era que el auto no funcionaba, aunque la llave estaba encendida: se agotó la batería. Con la idea de ocuparnos de ello después del concierto, lo cerramos y entramos en el estadio. Poco después de sentarnos, la vi.

Christyne bajaba las escaleras y casi llegó a su pasillo cuando nos vimos. Le mostré la sonrisa más grande y cursi de mi vida. Ella me devolvió una sonrisa amable, luego bajó rápidamente la cabeza y se dirigió a su asiento, sentándose con la chica con la que estaba. De inmediato inicié una tormenta de ideas: «¿Cómo me las apañaré para hablar con ella?».

Mi amigo, al notar mi interés, se rio de mí.

—¿Qué te pasa, Costi? —bromeó.

—No lo sé, colega. Tengo que conocer a esa chica. Hay algo en ella. ¡Es preciosa! Quiero conocerla.

No tenía idea de por qué de repente me impactó esta necesidad de conocerla, excepto que era la típica necesidad de un hombre soltero que ve a una muchacha linda y espera poder hablar con ella. Pero, ¿cómo se inicia una conversación con alguien que no conoces?

—¡Lo tengo! ¡El Hummer está muerto! Puedo pedirles que nos echen una mano —dije. Estaba eufórico con mi idea a prueba de fallos.

Antes de que pudiera responderme con la voz de la razón, yo ya me había levantado y estaba de pie junto a ella en el pasillo.

—Disculpen —balbuceé—. Sé que esto es un poco raro, pero mi coche se quedó sin batería en el aparcamiento antes, y me preguntaba si después del concierto ustedes, chicas, podrían ayudarnos a mí y a mis amigos a empujarlo.

—¡Claro, no hay problema! —contestaron al unísono.

—¡Gracias! —dije. Volví a mi asiento sabiendo que solo tenía un par de horas para pensar en mi próximo movimiento.

Un par de horas después, el concierto terminó y nos fuimos todos juntos al estacionamiento. Mientras caminábamos, comenzó la charla y, antes de que me diera cuenta, mi amigo había descubierto que tenían amigos en común y todo el mundo estaba charlando cómodamente. La chica que acompañaba a Christyne era su hermana.

Nos acercamos al Hummer y mi amigo me dijo:

—Oye, Costi, intenta arrancarlo primero. A veces, cuando un coche se queda quieto un rato, vuelve a arrancar.

—De acuerdo —dije. Volviendo a Christyne, le aclaré en seguida—: Para que lo sepas, si esto arranca, todo ese asunto de «mi coche se ha muerto y necesito una ayudita» no era solo una frase para conocerte.

Ella se rio y contestó con una sonrisa:

—¡Anda, gira la llave y ya veremos, caballero!

Me acerqué y giré la llave. El motor rugió con vida. ¡Me pillaron!

—¡Mentiroso! —dijo, señalándome con el dedo y entre risas.

—No es broma, la batería estaba agotada —me defendí, pero sin éxito.

Siguieron unos treinta minutos de charla y bromas. Al final, Christyne y su hermana preguntaron:

—¿Volverán mañana para el segundo día del concierto?

—Sí, pero no estaremos aquí hasta la tarde. Ella tiene que estar en la iglesia toda la mañana —respondí, señalando a la novia de mi amigo.

La hermana de Christyne sonrió.

—Oh, ¿ustedes son gente de iglesia? Bueno, te gustará —dijo señalando a Christyne—. ¡Ella también es una chica de iglesia!

Sonreí. «¡Es cristiana! Eso lo aclara todo. Ya mismo le estoy preguntando si me deja llevarla a cenar», pensé.

Para asegurarme de conseguir su teléfono, le ofrecí algunos consejos útiles.

—Bueno, intercambiemos nuestros números de teléfono para que podamos vernos mañana y encontrarnos al llegar —propuse, y funcionó. Ella estuvo de acuerdo. Ahora solo necesitaba reunir el valor para invitarla a cenar.

Después de disfrutar del segundo día del concierto, estábamos todos parados en el estacionamiento preparándonos para despedirnos. Entonces fui a por ello. Pero, antes de hacerlo, su hermana hizo un comentario por si acaso.

—Para que lo sepas, mi hermana no está impresionada con tu Hummer. Ella no es de ese tipo de chicas.

Su comentario no hizo más que aumentar mi interés.

—¿Puedo invitarte a cenar algún día de esta semana? ¿Cuándo estás libre? —le pregunté a Christyne.

—Todos los días de esta semana tengo clases, luego trabajo. Salgo de clase por la tarde, luego voy a mi trabajo en TGI los viernes hasta las once de la noche. Así que no.

—Ok —dije sin inmutarme—, ¿qué haces el lunes por la noche?

—Clases, luego trabajo.

Seguí adelante con confianza mientras los presentes se estremecían sintiendo el dolor de mi rechazo, pero se divertían con mis esfuerzos desesperados.

—¿Y el martes?

—Clases, luego trabajo.

Mi confianza se quebró de repente, ya no me sentía tan invencible. Esta muchacha cristiana no estaba interesada. ¿Debería intentarlo con el miércoles?

Entonces, acudiendo en mi rescate, su hermana interrumpió.

—¡El miércoles está libre!

Se quedaron todos helados. Yo sonreí. ¡Hecho!

—De acuerdo, el miércoles —aceptó Christyne a regañadientes. Más adelante me enteré de que tuvo que llamar a su jefe y cambiar su turno porque, de hecho, no estaba libre el miércoles. ¡Todavía estoy en deuda con mi cuñada por esto!

Ese miércoles, me detuve en su casa después de seguir mi GPS durante sesenta millas preguntándome: «¿Dónde diantres estoy? Vivía más lejos de mí de lo que podría haber imaginado». Pero, durante nuestra cita de *sushi*, me di cuenta de que valía la pena cada centímetro del viaje de ida y vuelta de 120 millas. Ella era cristiana reciente y estaba estudiando en un *college* cristiano, yendo a clases todo el día, y luego trabajando hasta altas horas de la madrugada. Asistía sola a una iglesia evangélica que no era de la prosperidad, tenía algunos buenos amigos y era felizmente independiente. Pagaba todas sus cuentas, era muy conservadora y tenía poco interés en salir con alguien. Dios debió de haber estado trabajando de una manera soberana entre bastidores porque esta chica no tenía por qué perder el tiempo con un tipo del evangelio de la prosperidad como yo.

Tuvimos unas cuantas citas más para cenar y pronto fuimos juntos a una iglesia donde yo estaba más cómodo. Era una iglesia evangélica de la prosperidad dirigida por un predicador de la TBN que mi familia consideraba muy importante. Christyne no estaba exactamente entusiasmada con todo lo relacionado con la iglesia, pero me apoyó. Por aquel entonces, alguien le sugirió que buscara en Internet e investigara a mi tío, y le dijo que debía tener cuidado con mis vínculos familiares. A lo que ella respondió: «No voy a mirar nada en Internet, porque no quiero juzgar a Costi desde esa perspectiva. Lo conoceré y decidiré por mí misma». Me sentí aliviado al instante.

Rompió el molde y mi teología

Pasaron algunos meses y, durante ese tiempo, mantuve a Christyne alejada de mi familia. Sabían que estaba viéndome con alguien, pero yo me comportaba como si no fuera nada serio. Ella era muy diferente y asumí, quizás erróneamente, que se opondrían a ello. Todo lo que creíamos y todo lo que me habían enseñado estaba en contradicción directa con mi relación con ella. Ella no hablaba en lenguas, no era carismática y no tenía ninguna conexión con mi familia de generaciones de líderes cristianos ungidos. Las expectativas eran que me casara con alguien que se ajustase a esas categorías. Además, era una introvertida estudiante de psicología, de mentalidad lógica y de clase trabajadora. Me habían enseñado que la psicología es el enemigo de la fe y las sanidades y que el pensamiento lógico es la antítesis de los milagros sobrenaturales y la abundancia. Por todo esto, Dios no podría haber escogido una peor opción para un heredero de la familia real del evangelio de la prosperidad (¡que es lo que me dijeron que yo era!).

Desde muy joven se había profetizado sobre mí que iba a ser el próximo gran sanador ungido en la familia. Un «profeta» me impuso las manos en la frente después de una de las cruzadas de mi tío y declaró que iba a llevar a la iglesia a nuevas alturas y que con mis manos se llevarían a cabo millones de curaciones. Hasta la fecha, nunca había sanado a una sola persona, pero se suponía que la chica con la que me casase debía encajar en el molde de tal ministerio. Siempre se suponía que me casaría con alguien del círculo de amigos de nuestra familia. Sería una buena chica, con padres que veneraran mi apellido. Tenía que llevar un Louis Vuitton, levantar sus manos en la adoración, hablar en lenguas todos los días y criar hijos que llevasen el nombre de nuestros héroes familiares en la fe. Se suponía que yo iba a ser la próxima gran estrella, pero solo iba a ser la próxima gran decepción.

A principios de 2010, la situación me tenía atrapado y, como deseaba casarme con Christyne, tenía que afrontar las consecuencias. Con la esperanza de pasar por alto los altos estándares carismáticos de mis padres, dejé caer un pequeño indicio de que sería bueno presentarles a la joven con quien me estaba viendo. «Tal vez les parecerá bien», pensé. Estaba equivocado.

—Nos parece bien —respondieron mis padres después de que les expliqué que invitaría a la chica para que los conociera.

—Es cristiana, ¿verdad? —preguntó uno de ellos.

—Sí, por supuesto.

—¿Está llena del Espíritu? —preguntaron.

Sabía lo que querían decir: «¿Habla en lenguas?». Empecé a sentir que me ruborizaba, que se me disparaba la adrenalina y que comenzaba a sentir ansiedad.

—¡Vamos! No empecemos con eso. Sí, está llena del Espíritu. ¿Habla en lenguas o hace cosas como nosotros? No. Pero eso no significa que no esté llena del Espíritu. Todos recibimos el Espíritu Santo cuando nos convertimos en cristianos. Todavía recuerdo eso de una clase en la DBU.

Respirando con dificultad, con mis argumentos teológicos a medias, me sentí como si estuviera en el estrado de los testigos tratando de convencer a un juez de mi inocencia.

—Sí, recibimos el Espíritu Santo cuando somos salvos, pero la evidencia de tener el Espíritu Santo está en el hablar en lenguas. Ella no está llena del Espíritu —declaró con una firmeza que me cayó como un puñal.

Casi exploto de rabia, pero la reprimí por miedo a perder la oportunidad de traer a Christyne a casa para que los conociera. «¿Cómo se atreven a decir esas cosas? No la conocen. Ella es increíble. Si tan solo le dieran una oportunidad. ¿Por qué las lenguas son siempre un factor decisivo?». Estas preguntas pasaron por mi mente como una avalancha.

Tuvimos el primer encuentro y algunas breves visitas antes de que todos se acostumbraran a la idea de que «Costi está saliendo con una extraña». Todos excepto una hermana que aún no había conocido a Christyne porque vivía en otro estado. Una noche, cuando esta hermana estaba de visita, me confrontó.

—Ella no es tu esposa, Costi —dijo mi hermana, contándome que Dios le dijo que esta chica que yo estaba viendo no era la esposa que Dios tenía para mí.

—Ni siquiera la conoces —argüí.

—No necesito conocerla. Sé lo que Dios me mostró.

En el otoño de 2010, la presión comenzó a aumentar y continuaron las subjetivas «palabras del Señor» desde todos los ángulos. Tal vez al principio pensaron que yo estaba saliendo con esta chica de manera informal, pero, cuando finalmente se dieron cuenta de que era algo serio, la presión se multiplicó por cien.

—Ella no es tu esposa, Costi.

La conferencia comenzó una noche después de que volví de una cita con ella. Era como un *déjà* vu.

—Si te casas con ella, perderás la unción de tu vida. Basta con una mujer así para arruinar tu fe. Es demasiado seca. No tiene suficiente fe. Ella no es como nosotros.

No era que Christyne no tuviera fe en lo que no podía ver, ni que fuera malvada o grosera. Era que ella no estaba necesariamente dispuesta a aceptar todo lo que mi familia decía o predicaba. Ella era cautelosa, lo que es comprensible, y esa cautela le costó su aprobación en ese momento. Ella veía la Biblia en blanco y negro. Si la Biblia lo dice, ella lo cree. Nosotros, por otro lado, tergiversábamos muchas de las cosas que la Biblia decía.

Christyne era una trabajadora que veía la riqueza como algo que se obtiene cuando se trabaja duro y se tiene integridad. Uno puede ser muy rico, pero cómo se hace rico y cómo usa su dinero es algo importante si afirma ser cristiano. Nuestra casa de California, que había visitado, valía más de dos millones de dólares. Nuestra segunda casa en Canadá, ella lo sabía, valía más de tres millones de dólares. Los autos que había en el garaje eran Mercedes. El auto que yo manejaba era un Hummer. Mi reloj era un Breitling de edición limitada que costaba diez mil dólares. La ropa que comprábamos era de los mejores diseñadores del mundo, y una comida en uno de los restaurantes que frecuentábamos cada semana alcanzaba el mismo precio que su sueldo semanal. Todo eso estaría bien si fuéramos magnates inmobiliarios o directores generales. Pero estábamos en el ministerio, y predicando el evangelio de la prosperidad. Tenía todo el derecho a ser cautelosa. Aunque no creía que todos los pastores tuvieran que ser pobres, no tenía sentido para ella que viviéramos como celebridades gracias a las donaciones.

Finalmente, después de más de un año de salir juntos, me acobardé en la pasividad y sucumbí a la idea de que Christyne era mala para mis aspiraciones ministeriales y para la unción en mi vida. Rompí la relación. Después de decirle que ella «no era mi esposa», decidí seguir adelante y tomar una decisión que agradara a mi familia y fijara mi rumbo hacia un ministerio poderoso.

Pero no tardé mucho en perder el sueño. Esta chica era distinta.

Día tras día, reflexionaba sobre qué hacer. Me pasaban preguntas por la cabeza y dudaba de mi decisión. ¿Y si fuera la clase de mujer que yo necesitaba? ¿Acaso no era una mujer fuerte y piadosa con quien debería casarme? ¿Desde cuándo el legado de alguien debería dictar su futuro? El hecho de que ella no fuera «de nuestra clase» no significaba que Dios no pudiera cambiarla y hacerla madurar para que llegara a ser una de nosotros. Tal vez ella era mejor persona que todos nosotros y no nos dábamos cuenta. Al final, llegué a un punto de inflexión. Reuniendo todas las agallas que tenía, opté por Christyne, si todavía me quería, y cualquier consecuencia que yo sufriera valdría la pena: *ella* lo valía.

Me puse en contacto con ella y le supliqué que se reuniera conmigo para un almuerzo improvisado a finales de esa semana. Mirándola fijamente a los ojos al otro lado de nuestra mesa en el café, le dije que sentía mucho haber roto con ella y que quería tener la oportunidad de hacer las cosas bien. Christyne sonrió tranquila. Luego fue ella quien me dejó boquiabierto con una gracia y una bondad que no merecía.

—Lo entiendo, Costi —dijo, e hizo una pausa. Con su serenidad inquebrantable, comenzó a transmitir una sabiduría impropia de su edad—. Aunque, sinceramente, no pensé que volverías a mí, estaba seguro de que esta era una lección que tenías que aprender por ti mismo. El Señor no te ha llamado a vivir una vida que satisfaga a tus padres, a mí o a cualquier otra persona, en realidad. Debes casarte con quien quieras casarte. Tienes que hacer lo que Dios *te* ha llamado a hacer. Necesitas vivir tu vida como Dios *te* ha llamado a vivirla, no como tu familia te dice que la vivas.

Con cada énfasis que ponía en sus afirmaciones de «tú», mi corazón se llenaba de pasión: no una mera pasión por ella (aunque estaba dispuesto a fugarme en ese instante), sino una pasión por vivir sin complejos conforme a mis convicciones. Muchas cosas que hice y muchas cosas en las que creía se basaban en las tradiciones y creencias familiares a las que me aferraba. Tenía mucho que aprender, pero esta mujer estaba dispuesta a hacer ese viaje conmigo. «¡*Uau*! Qué regalo de Dios», pensé.

Nuestra relación necesitaba cambios, y Christyne dio un ultimátum. Si volvíamos a estar juntos, ahora iríamos a «su iglesia». Durante la ruptura, se involucró en la plantación de una iglesia con un amigo de siempre (que también se había convertido) y comenzó a servir en el ministerio infantil. Ella me aceptaría de nuevo, pero no volvería a la iglesia del evangelio de la prosperidad.

Para mí fue una decisión fácil, solo quería estar con ella. Poco podía saber yo que esta plantación de iglesias y las relaciones que formamos allí en solo un año eran la puerta que Dios usaría para rescatarnos del imperio impío al que yo estaba ligado.

Como la mayoría de los jóvenes perdidos en los ojos de una mujer bella y piadosa, quedé atrapado al instante, pero no era del todo consciente de cómo sería la vida si lo que estaba a punto de decir se hacía realidad. Le dije: «Cueste lo que cueste, me voy a casar contigo y serviremos juntos al Señor. Estoy llamado a estar en el ministerio, y no sé exactamente como es eso, pero voy a ser predicador. No me importa lo que diga mi familia o cuánto me presionan para que no me case contigo. Eres un regalo de Dios y vas a ser mi esposa. ¡Estamos juntos en esto!».

Que suene la música romántica y vuelen los corazoncitos. Pero tendríamos que superar las diferencias entre ella y mi familia, y descubrir cómo resolver las tensiones teológicas que parecían ser cada vez mayores. Yo también vivía en una confusión teológica, inseguro de lo que creía. Mirando al pasado, sé que Dios estaba ordenando soberanamente mis pasos. Pero en ese momento me sentía confuso.

Regreso a Canadá

De junio de 2010 a junio de 2011, en medio de las turbulencias relacionadas con Christyne y nuestra relación, empecé a volar a Vancouver, Canadá, para predicar en la iglesia de mi padre, Vancouver Christian Center. Aunque ignoraba los pasos necesarios para la capacitación ministerial, quería involucrarme en la iglesia. Luego, alrededor de febrero de 2011, le dije a Christyne que no podía luchar contra la necesidad de predicar y ayudar a la gente más tiempo. Quería estar en el ministerio, no solo volando a Vancouver de forma periódica como orador itinerante. Necesitaba estar con la gente, eso es lo que yo pensaba que un verdadero pastor debía hacer. Le aseguré que ahorraría para un anillo y cumpliría mi promesa de casarme con ella y con el tiempo trasladarla al norte antes de nuestra boda, así que la dejé en California.

El 15 de junio de 2011, conduje un U-Haul 1.300 millas al norte. Fue un adiós a California y un hola a Canadá. Tal vez motivado por mi renovada pasión por la iglesia que él había dejado, mi padre decidió alejarse de su hogar en California, reducir algunos viajes con mi tío e ir con nosotros a la iglesia de Vancouver. ¡Sería como en los viejos tiempos! Mi madre y mi hermana menor también se mudaron. Estábamos todos juntos en el ministerio y de nuevo en casa, donde pertenecíamos, en Vancouver con nuestra iglesia.

Al llegar a Vancouver, supe que tenía que empezar a trabajar. Aunque estábamos centrados en la iglesia, mi papá comenzó a viajar de nuevo por su cuenta y esporádicamente con el tío Benny. Empecé a predicar cada semana, rotando solo en ocasiones cuando mi padre quería predicar si estaba en casa. En los siete años que habíamos estado fuera, la multitud se había reducido a unas treinta personas, pero pronto empezó a crecer. Algunas familias regresaron, se unieron algunos jóvenes, los padres se entusiasmaron y el ministerio de jóvenes se puso en marcha una vez más. Pasamos de alquilar un viejo salón de baile de hotel a alquilar un cine moderno. Lanzamos un nuevo sitio web, renovamos un viejo ministerio de ayuda a las personas sin hogar en el centro de la ciudad y comenzamos equipos de voluntarios para motivar a la congregación a servir.

Las cosas estaban mejorando, pero el cambio más grande fue en el púlpito. No estaba tratando de contradecir la teología familiar, pero empecé a predicar sermones basados en la Biblia. En un momento dado, prediqué un sermón sobre Job y cómo Dios permitió las pruebas en su vida, pero aún tenía el control. Las historias sobre el sufrimiento no eran propias de nuestra iglesia, pero parecía correcto predicar una visión más equilibrada en tiempos difíciles. Todo era siempre demasiado perfecto y maravilloso en nuestra teología. Dios siempre sanaba, la enfermedad no servía para nada y cualquier cosa mala era el resultado de tu falta de fe. Recuerdo que pensé: «la historia de Job es muy diferente de lo que enseñamos, pero parece que podría ayudar a muchos que están esperando que Dios los sane. ¿Por qué no abordarla?».

Poco después de predicar el sermón, visité a un miembro de la iglesia que estaba en el hospital con una enfermedad grave. En vez de ofrecer la garantía de sanar o dar falsas esperanzas, me encontré volviendo al libro de Job y leyendo porciones del mismo a este joven. Por dentro me sentía bien, pero aún recuerdo los sentimientos inseguros que tenía, preguntándome si lo estaba defraudando por no poder curarlo.

Aunque algunas cosas estaban empezando a cambiar, otras no lo hicieron hasta que aprendí por las malas. Un domingo, tratando de ser como mi padre, hice una llamada al altar para poder imponerle las manos a la gente. Invité a todos al frente y les dije: «Si necesitan una unción nueva de Dios, vengan aquí y oraré por ustedes». Se acercaron poco a poco. Empecé a poner mis manos sobre sus cabezas. Una mujer entusiasta fue derribada por el Espíritu; todos los demás estaban más rígidos que una estatua. Una chica con la que crecí en la iglesia se me acercó después y me dijo: «No tienes por qué imponernos las manos para renovarnos en Dios como lo hacía tu padre. La predicación es muy buena». «¡Vaya! —pensé—. ¿De dónde salió eso?». Pero sonreí y me olvidé de ello por miedo a ser cómplice de su controvertida idea.

Cuando se trataba de la preparación de los sermones, todo lo que yo sabía era que mi papá solía estudiar los sábados para el sermón del domingo. Así que tomé el método del «guerrero de fin de semana» para predicar: estudiar durante todo un día, luego salir y predicar el domingo. Me pasaba el día entero estudiando el texto de mi sermón de la Biblia. No tenía libros, así que investigaba en Google y usaba recursos de interpretación bíblica en línea. Por algún medio milagroso, los sermones tenían sentido, y no pasó mucho tiempo antes de que fuera un acontecimiento regular predicar cosas como: «Tenemos que volver a la Biblia» y «Dios nos habla a través de su Palabra». La gente asentía con la cabeza.

Después de haber estado en el púlpito un domingo en particular, entré a la iglesia a la semana siguiente y una mujer llamada Melida, que me conocía desde que era niño, me dio un libro y me dijo en voz baja: «Estás en el camino correcto. Este libro te ayudará. Sigue adelante». ¡Su comportamiento me hizo pensar que estaba recibiendo un regalo escandaloso!

Bajé la vista para ver un libro titulado *Despertando a la iglesia, un llamado urgente*, de Chuck Swindoll. «Uau. Parece serio —pensé—. Debería leerlo». Esa noche leí el libro de una sola vez, y Dios lo usó para poner algunas grietas serias en los cimientos de mi evangelio de la prosperidad. En una sección sobre «los malos hombres y los engañadores» que engañan a la gente (2 Ti 3.13), Swindoll escribe: «Muy claro, ¿no es así? Tenemos otro término descriptivo en nuestro idioma para estos individuos: charlatanes. ¡Cuidado con los farsantes! ¿Por qué? Pablo añade: "irán de mal en peor". No te sorprendas por el engaño. Más bien, espéralo. Asúmelo. Sé realista en tu valoración de estos días [...]. No te dejes engañar por ninguno de los elementos externos que ves: discurso persuasivo [...] folletos atractivos [...] apoyo de famosos [...] grandes multitudes [...] lógica persuasiva [...] personalidades carismáticas [...] ¡incluso Biblias abiertas! Tengo que hablar claro. No todos los que llevan alzacuellos y usan la Biblia son de fiar».[1]

«¡*Uau*! Este tipo es intenso», me dije. Me pregunté cómo sería tener esa clase de valentía. Decir las cosas como son y llamar a la gente a vivir la verdad. Había aceptado las mentiras como verdad durante mucho tiempo, pero estaba empezando a sentir que había gente ahí fuera que sabía algo que yo ignoraba. Las cosas que Swindoll describió en su libro se acercaban inquietantemente a la descripción de nuestro ministerio familiar. ¿Podría ser? ¿Éramos esos farsantes?

Me estaba acercando más a la verdad de lo que nunca había estado, pero las anteojeras no se me habían quitado del todo. Al mismo tiempo que intentaba arreglar la iglesia de mi padre, mi familia intentaba remodelar a Christyne.

Solo tenemos que corregir sus carencias

Traté de mantener la paz, Christyne trató de decir todo lo correcto, pero mi familia decidió que había que corregir sus carencias. Aunque yo daba por sentado que todos íbamos a vivir felices para siempre y a trabajar juntos en el ministerio, primero era necesario que ocurrieran algunas cosas importantes. Entre 2011 y 2012 se produjeron cuatro experiencias que nos conmovieron. Tres supuestamente estaban destinadas a sellar el compromiso con Christyne y proporcionarle la mejora espiritual que necesitaba para llevar el apellido Hinn. La cuarta fue la más reveladora. Todas estas experiencias

---

1. Chuck Swindoll, *Despertando a la iglesia, un llamado urgente* (Miami, Fl: Patmos, 2015), pp. 184-85 de la edición en inglés.

hicieron más profundas nuestras convicciones sobre los peligros de los círculos evangélicos de prosperidad en los que participamos.

1. «*Ella tiene que ir al servicio del tío Benny*». Era viernes, 22 de abril de 2011, y mi tío estaba celebrando un servicio de comunión de Viernes Santo en el Honda Center de Anaheim, California, a solo una cuadra del café donde Christyne y yo nos conocimos. Yo no pude asistir porque estaba predicando en Canadá en un viaje ministerial. Mis padres pensaron que mi ausencia sería la oportunidad perfecta para pasar un tiempo con Christyne. Supuse que sería de gran ayuda para ella ir a tener también su propia experiencia. Aunque yo tenía preguntas sobre algunos de nuestros métodos y enseñanzas, no creía que eso fuera suficiente para decir que todo esto era falso. Yo seguía pensando que éramos líderes cristianos ungidos y de élite. Solo pensaba que necesitábamos algunos ajustes.

Esa noche estaban presentes muchos miembros de la familia Hinn. Hasta asistió el fundador de la TBN, Paul Crouch, amigo de la familia. Si había una noche para que Christyne podría recibir el Espíritu Santo de la manera que mi familia esperaba, ¡era esta!

Christyne estaba sentada en primera fila, junto a mi madre. Las imágenes de televisión que vi después la captaron repitiendo las oraciones según las indicaciones de mi tío, cerrando los ojos y levantando las manos. Hizo todo lo correcto para tener la experiencia adecuada. Si ella hablaba en lenguas o era derribada por el Espíritu, o si mi tío profetizaba cosas maravillosas acerca de ella como mi esposa, ¡ya estaba arreglado! En nuestro mundo, el tío Benny era la carta ganadora. No importa lo que hubiera pasado antes, si él aprobaba nuestra relación, eso sellaba el compromiso.

—¿Cómo te fue? —pregunté mientras hablábamos por teléfono esa noche.

—Estuvo bien. La música era muy buena. Otras partes fueron... interesantes —dijo; pude oír cómo titubeaba.

—¿A qué te refieres? Dime. ¿Oró por ti? ¿Te caíste? ¿Mis padres fueron amables contigo? —presioné para obtener respuestas.

—Tus padres fueron muy amables. Tu tío también fue muy amable. Tengo que encontrarme con él en la sala verde después. Además, cuando llegué al estadio, uno de sus guardias de seguridad salió y me estacionó el auto. Me trataron muy bien.

La conocía lo suficiente como para saber que tenía que hacer preguntas para sacarle más información.

—De acuerdo, ¿qué es lo que no estuvo bien? —le pregunté, con la esperanza de que su pensamiento crítico saliera a la superficie.

—Sentí que algo estaba mal. Cuando tu tío llamó a todos para orar por ellos, la multitud se dirigió al frente del escenario desesperada por encontrar el poder de Dios. Pensé que todos iríamos a orar si se suponía que era algo auténtico, pero, en vez de eso, todas las personas que eran «importantes» y que estaban sentadas en el frente, incluidas tu mamá y yo, salimos al costado del escenario para evitar ser aplastados por la muchedumbre y ver cómo tu tío golpeaba a la gente. Parecía un espectáculo, nada más. Si realmente el poder de Dios hubiera estado allí, todos hubiéramos querido ser tocados por él, y habría habido un esfuerzo genuino por experimentar lo que se nos estaba diciendo.

Su comentario fue abrumador. ¿Qué se supone que debía contestar a eso? ¡Ella tenía razón! Si el servicio fuera realmente el punto de acceso al poder del mismo Dios Todopoderoso, ¿no estarían todos, incluido mi tío, deseando meterse de lleno en él? ¿Por qué mi tío siempre se quedaba en una zona segura en la plataforma, o solo en raras ocasiones se aventuraba a las primeras filas? ¿Por qué habría una sección lateral para que la élite evitara a la plebe? Conocía la sección lateral de asientos a la que Christyne se había referido porque yo me sentaba allí cada vez que asistía a una cruzada en mi niñez.

Cuando terminó el servicio, mis padres la llevaron a conocer al tío Benny. Intercambiaron un breve saludo y mi tío dijo algo agradable como: «¿Esta es la amiga de Costi? Vaya, qué amiga tan linda tiene». Y eso fue todo. Demasiado poco para sellar el compromiso. Tal vez un ambiente diferente traería una experiencia diferente.

2. *«Ella tiene que someterse al ministerio de tu padre».* Una de las enseñanzas clave en el evangelio de la prosperidad es la cultura del honor. Igual que se llama de formas singulares a ciertas enseñanzas, a esta también se le dan otros nombres. Algunos también la llaman cultura de reverencia. No importa el término, el significado es siempre el mismo: la gente que quería una unción especial tenía que someterse al ministerio de cierto hombre. A un ungido de Dios hay que venerarlo en un nivel casi divino. No se trata tan solo del usual gran respeto al pastor y el amor a los líderes de nuestra iglesia que nutren nuestras almas. Se trata de hacer cualquier cosa que el varón de Dios quiera para que consigas lo que necesitas. Si necesitas una bendición física o espiritual especial, es el varón de Dios quien tiene que tocarte.

En lo concerniente a conseguir que Christyne tuviera la misma unción que nosotros, daba igual cuánto orase yo, no iba a suceder. La cultura del honor significaba que solo uno de los «generales» podía hacerlo. Aunque yo iba a ser su esposo, el general era una especie de cobertura espiritual. Otro término que usamos para designar al general era padre espiritual. En este caso, sería mi propio padre. Él tendría que aprobar a Christyne imponiéndole las manos en público. Ella tendría que caer hacia atrás (ser derribada en el Espíritu), o de lo contrario sería una señal de su resistencia a la autoridad de él. Igual que los líderes sectarios con poder de veto definitivo, los generales podían poner fin a un matrimonio antes de que comenzara, excomulgar a una persona aun cuando no hubiera hecho nada malo y ponerse en cualquier momento por delante de lo que la Biblia decía afirmando que Dios les había dicho algo directamente. También podían tomar el dinero que quisieran porque eran la autoridad suprema.

El domingo había que orar por Christyne, nos llamaron a los dos al frente de la iglesia. Allí estábamos, parados mientras se llevaba la música a un crescendo. Entonces, al son suave de las cuerdas de fondo, mi padre susurró al micrófono: «Levanten las manos y reciban su toque». Levantar las manos era una señal de entrega a Dios. Y el toque iba a ser la mano de mi padre, pero creíamos que Dios nos tocaba a través de él.

—Señor, llénala de tu Espíritu —oró mientras presionaba con su mano la cabeza de Christyne.

Empecé a llorar, pero no estaba seguro de por qué. Tal vez deseaba que ella recibiera lo que necesitara para poder estar juntos para siempre. Tal vez estaba liberando emociones que había retenido por mucho tiempo. O tal vez, sin saberlo, me sentía impotente al ver cómo el sistema la forzaba a entrar en esta situación. En un abrir y cerrar de ojos, ella cayó en las manos de uno de los recogedores y la dejaron con cuidado en el piso. Parecía indiferente a todo cuando la miré. Al cabo de un minuto más o menos, también oraron por mí y caí de espaldas, tumbado junto a ella en el suelo. Mi padre pronunció una bendición especial sobre nosotros y se acabó.

Christyne no dijo una palabra sobre lo que experimentó ese día, probablemente por miedo a la reacción. Luego, cierto día, hablamos de esa mañana en la iglesia.

—¿Qué sentiste? ¿Algo raro? —le pregunté.

—«Raro» no es la palabra que yo usaría, Costi —me respondió tan rápido que supe que iba en serio.

—Bien, pues descríbelo con tus propias palabras —dije.

—Fue el sentimiento más oscuro que he tenido en mi vida. Estaba muerta de miedo. Algo me inmovilizó en el suelo y lo sentí como si fuera pura maldad. Se me aceleró el corazón, y nunca me había sentido tan mal en toda mi vida.

Sus palabras me partieron el corazón como un bisturí.

—¿Hablas en serio?

Era una pregunta retórica. Nos quedamos sentados en silencio durante lo que parecieron horas, aunque fueron solo minutos. Nunca olvidaré ese momento en el que años de preguntas, historias de otras personas e incluso evidencias bíblicas comenzaron a acumularse. Tal vez todo esto provenía de una fuente muy oscura.

Un intento más de corregir sus carencias nos llevaría a una situación límite.

3. *«Ella tiene que hablar en lenguas»*. Fue otro esfuerzo desesperado por corregir sus carencias en el verano de 2012. Con vistas a nuestra boda en octubre, Christyne se había mudado a Vancouver en junio y vivía en su propio dormitorio en nuestra casa familiar. Una iglesia de Oliver, Columbia Británica, llamó. Querían que hablara en una conferencia de jóvenes y le pidieron a Christyne que compartiera su testimonio de conversión. Acepté en su nombre (algo que no recomiendo a ningún hombre) y, después de unas semanas regañándome, cedió. Al ser muy introvertida, estaba preocupada por tener que hablar frente a una gran multitud.

«¿Qué problema hay?», pensé. Esa fue la última vez que la puse en una situación así.

Le proporcionaron un lugar separado para dormir y condujimos unas cinco horas hasta Oliver.

La conferencia fue bien. Durante su sesión, Christyne enseñó con claridad y ánimo, y a los adolescentes les encantó. Antes de que nos diéramos cuenta, la conferencia estaba llegando a su fin y yo estaba en la sala de atrás preparándome para predicar la sesión final.

La esposa del pastor anfitrión, Joan, se me acercó y me dijo en voz alta: «Costi, cuando termines de predicar, quiero que llenes a todos los muchachos con el Espíritu Santo y que les des el don de lenguas. Han venido muchos jóvenes de la comunidad a los que hemos estado tratando de alcanzar y ustedes han captado su atención. ¡Hay que sellarlo!».

Asentí incómodo. «Oh, Dios mío. Ya estamos con la presión de obligar a los adolescentes a hablar en lenguas», pensé. Odiaba el hecho de tener que procurar que ellos hicieran algo que mi propia prometida no podía hacer.

Prediqué con toda mi energía y terminé en oración. Joan me miró y asintió como si dijera: «Es hora de cerrar el trato». Sentí que no había alternativa, y fui a por ello.

—Si quieres ser lleno del Espíritu Santo, ven al frente de esta plataforma. Dios te va a llenar hoy.

Mi ansiedad se intensificó y mi mente me decía: «No lo hagas», pero ya había ido demasiado lejos. Entonces me di cuenta: «Es hora de llamar al auditorio. Este culto no lo controla Joan. Lo controlo yo».

Uno por uno, oré por los muchachos de una manera genérica. Puse mis manos sobre sus hombros, no sobre sus cabezas, y dije: «Señor, llénalos de tu Espíritu». ¡Eso fue todo! Iba a orar de esa manera y, si algún joven recibía las lenguas, que así fuera, pero de ninguna manera iba a forzar algo que no fuera genuino en estos jóvenes.

Mi hábil plan funcionó unos minutos y luego me explotó en la cara. Joan se acercó con ímpetu al frente, me quitó el micrófono de la mano y empezó a vociferar.

—¡Gracias, hermano Costi! ¡Ahora muchachos, mírenme! Quiero que muevan los labios y digan lo que les venga a la punta de la lengua. Sha-ba-ba-ba-ba-ba-ba-ba... Sha-ba-ba-ba-ba-ba-ba-ba... ¡Eso es todo! Empiecen a gritar todo lo que puedan. Ba-ta-ba-ba-ba-ba-ba-ta.

La coerción se prolongó durante más de diez minutos. Joan andaba por ahí poniendo las manos sobre sus cabezas y forzándolos a decir sílabas al azar. De pie junto a Christyne, vi que tenía los ojos cerrados y estaba tratando de murmurar sílabas. Mi repulsa por el método de Joan se desvaneció y pensé: «Si esta loca puede hacer que Christyne hable en lenguas, ¡quizás yo soy el que está loco!».

El balbuceo continuó otros veinte minutos más o menos y luego disminuyó. Joan felicitó a todos los jóvenes por su nuevo don espiritual, para que lo usaran cada día como un lenguaje especial de oración, y les dijo que ahora estaban llenos del Espíritu y sellados en la fe. Christyne y yo nos despedimos y subimos al auto para el viaje de cinco horas a casa.

En los primeros cien kilómetros (estábamos en Canadá), las preguntas hervían en mi interior. No podía aguantar más.

—Entonces... —rompí el silencio—. Te vi hablando en lenguas, Christyne. Lo estabas haciendo. Te miré mientras tenías los ojos cerrados durante la oración. ¿Las recibiste?

Ella arrugó la barbilla como hacía cuando estaba a punto de llorar. Oh oh. Traté de pensar en algo que decir, pero tenía la mente en blanco. Comenzaron a correr las lágrimas por su cara.

—Lo intenté, Costi. De verdad que sí. Levanté las manos como se suponía que debía hacerlo. Abrí los labios y pronuncié las sílabas como ella dijo. Murmuré las palabras e hice todo lo que me dijeron. No funcionó. Fue un completo espectáculo. Estaba manipulando a los muchachos para que hablaran en lenguas. Si es un don, ¿no es Dios quien lo da? ¿Por qué alguien tendría que adiestrar a un grupo de chicos para hacer algo que solo Dios puede darles la capacidad de hacer?

Desesperanzados y frustrados, pasamos el resto del viaje en silencio. Me preguntaba por qué Christyne no recibía el Espíritu Santo de la manera en que se suponía que debía hacerlo. Nos habían dicho una y otra vez que tenía que hablar en lenguas para demostrar que tenía el Espíritu Santo y que era salva. ¿Acaso no era salva?

Poco después de llegar a casa, empezamos a estudiar la Biblia juntos en busca de respuestas. Un día me saltó un versículo de la página. En una sección de 1 Corintios el apóstol Pablo explica que las diferentes personas tienen diferentes dones y que no todos tendrán los mismos dones, ni todos los dones, pero que todos deben usar lo que han recibido de Dios para hacer lo que le corresponde a cada uno. En 1 Corintios 12.29-30, Pablo hace algunas preguntas retóricas para explicar su afirmación: «¿Son todos apóstoles? ¿Son todos profetas? ¿Son todos maestros? ¿Hacen todos milagros? ¿Tienen todos dones para sanar enfermos? ¿Hablan todos en lenguas? ¿Acaso interpretan todos?». ¡Sus palabras nos golpearon como una maza! Nos miramos y el mismo pensamiento nos llenó de alegría: «¡Liberados!».

—Costi, ¿esto significa lo que yo creo? —preguntó Christyne—. ¡Está claro como el agua! No todas las personas van a ejercer los mismos dones. No lo sé todo sobre cada versículo de la Biblia, pero sé lo que dice. ¡No todos hablan en lenguas!

Después de toda la presión que tuvimos para que Christyne hablara en lenguas, el alivio inundó nuestros corazones y nuestras mentes. De momento, nuestro sistema erróneo de creencias sobre el hablar en lenguas había quedado desacreditado, y cada vez pusimos en duda más creencias del evangelio de la prosperidad. Pronto, nuestro punto de vista sobre la sanación también se pondría a prueba.

4. *«No se le permite estar enferma»*. El evangelio de la prosperidad enseña que nunca es la voluntad de Dios que sus hijos se enfermen, y que la enfermedad indica que *tú* eres el problema. Reúne suficiente fe o da una ofrenda lo suficientemente grande y recibirás tu sanación. Esta creencia solía llevar a dos cosas: (1) la fanfarronería de los predicadores del evangelio de la prosperidad desde el púlpito diciendo que no hay nadie enfermo en su casa, porque practican lo que predican, y (2) que los seguidores del evangelio de la prosperidad ocultaran su enfermedad por temor a ser condenados en su comunidad por no tener fe.

Siempre minimizamos el asma de Christyne, porque la enfermedad no estaba permitida en la casa de los Hinn. Hasta que un día los acontecimiento tomaron un cariz muy serio.

—¿Christyne? —la llamé por la escalera del sótano de la casa de mis padres.

Christyne había empezado a pasar gran parte de su tiempo en el sótano para evitar a mi familia. En este punto de nuestro camino juntos, ella no recibía las lenguas, no recibía el Espíritu y no se ponía a merced de la familia. Con la boda a tan solo dos meses de distancia, las tensiones aumentaban porque la familia estaba tratando de que se adaptara, pero nada funcionaba. Se produjeron discusiones familiares, se hicieron comentarios y todo se puso feo muy pronto. Christyne estaba empezando a desmoronarse.

—¿Christyne? —intenté de nuevo, pero no hubo más que silencio por respuesta.

Su auto estaba en la entrada; ella no estaba en su cuarto ni en ningún lugar de la casa. «Tal vez está afuera tomando un poco de aire», pensé. No estaba seguro, así que bajé para asegurarme de que no estuviera allí.

En la esquina del sótano, estaba entreabierta la puerta de un almacén y pude ver un cuerpo en el piso. ¡Christyne! Corrí y traté de abrir la puerta del todo, pero estaba bloqueada por su cuerpo. Me metí por el hueco y encontré a mi futura esposa paralizada y jadeante. Examiné su cuerpo, noté que tenía las venas enormes e hinchadas en los brazos, las muñecas y el cuello. Le agarré la cara y vi que estaba poniendo los ojos en blanco.

—¿Puedes oírme?

Ella asintió.

—¿Qué hago con esto? —dije, señalando una maquinita del tamaño de un iPad que tenía al lado. Le salía un tubo y estaba encendida.

Movió los ojos como mejor pudo hacia un pequeño frasco con líquido dentro. Empecé a hacer más preguntas, diciéndole que parpadeara si la respuesta era sí. Apenas respiraba cuando introduje el fluido en el tubo y se creó un vapor que podía inhalar. Le introduje el tubo en la boca. Sus manos estaban caídas y paralizadas.

Cuando agarré una de sus manos, una lágrima comenzó a correr lentamente por su cara.

—¿Tengo que llamar a una ambulancia? —le pregunté. Ella negó con la cabeza.

En pocos minutos, su cuerpo se liberó de la parálisis y pudo hablar. Me explicó que acababa de tener un ataque agudo de asma. Estaba seguro de que era por el estrés, porque nunca le había sucedido desde que la conocía.

—¿Por qué estás en el almacén del sótano con esta máquina? ¿No deberías ponerla al lado de tu cama o en tu armario, para que puedas tenerla siempre a mano? —le pregunté.

—La he estado escondiendo —explicó—. Sé que no podemos hablar de mi asma porque en tu casa no se permite la enfermedad. Puse mi medicina y mi nebulizador en este almacén para que tus padres no lo encuentren si alguna vez revisan mis cosas.

Su respuesta a esta pregunta fue todo lo que necesitaba oír. Me hervía la sangre. Ya era suficiente. No sabía lo que iba a hacer, pero sabía que era hora de sacarla de este entorno.

Mamá tiene un tumor

Durante 2011 y 2012, mientras Christyne estaba sufriendo las presiones de la familia Hinn para adaptarse, mi madre recibió la noticia de que se le había formado un tumor en la parte frontal del cerebro.

—¿Un tumor? ¿Estás segura?

Las palabras no parecían reales al salir de mi lengua. Mi padre, comprensiblemente incómodo, me dijo en seguida:

—Se va a poner bien. Dios la sanará. Quizás ya lo ha hecho.

Este era un territorio inexplorado para nuestra parte de la familia Hinn. Era mi madre, y tenía un tumor. Durante varios meses, le había causado todo tipo de problemas, pero no teníamos ni idea. Los médicos la habían diagnosticado mal varias veces, no hubo palabras proféticas de conocimiento que sirvieran y, finalmente, dieron con el problema. «¿Cómo es posible?», pensé. Los miembros de la familia Hinn nunca estábamos enfermos. O al menos nunca lo admitíamos cuando lo estábamos.

La enfermedad que se suponía que iba a permanecer tan lejos de nuestra casa se había infiltrado en el corazón de ella: mi madre. Las circunstancias de Christyne podrían atribuirse a que ella era una extraña que no tenía la unción especial que nosotros poseíamos, pero, cuando la matriarca de nuestra familia fue golpeada por un tumor, todo se fue por la borda.

Mi madre tardó casi cuatro años en ser diagnosticada adecuadamente debido a una mezcla de negación, evasión, falta de apoyo por parte de mi padre y demora de los médicos para diagnosticar de forma apropiada estas cosas. Durante ese tiempo, mi padre le quitó importancia a su enfermedad. Predicaba que todos debemos estar sanos y saludables mientras mi propia madre estaba sentada en silencio en la primera fila con un tumor que le estaba atacando el cerebro. Las visitas al médico se hacían cuando mi padre estaba fuera de la ciudad. Mi madre ocultó los informes negativos y, si apenas insinuaba la palabra tumor, mi padre la reprendía a ella y a esa palabra en el nombre de Jesús. Pero, al final, todo el poder del Evangelio de la prosperidad del mundo no pudo hacer nada. Sin otra opción que la de buscar una intervención médica, se enfrentaron a los hechos. Sería la mano de un cirujano la que curaría a mi madre.

Nunca olvidaré cuando fui al hospital de Vancouver a visitar a mamá durante su recuperación. Tenía un nudo en el estómago. Para nuestra familia era muy extraño estar en un hospital. De niños, apenas se nos permitía entrar en los hospitales porque nos decían que allí residía el espíritu de la enfermedad y el espíritu de la muerte.

Pero aquí estábamos, y ese fue el golpe definitivo al sistema del evangelio de la prosperidad. No hubo sanidad con toda la cantidad de oración y fe desplegadas. Ninguno de los sanadores de nuestra familia se presentó para ocuparse de ello. La experiencia abrió una gran brecha en los cimientos del evangelio de la prosperidad del cual yo dependía ante la adversidad. Cuando más necesitábamos la curación, no fue la sanidad divina la que resolvió el problema. Fueron la medicación y las hábiles manos de un cirujano humano.

El tumor de mi madre llegó a ser una capa más en la montaña de evidencias en contra del evangelio de la prosperidad. «Dios cura. Pero hay algo en la forma en que lo enseñamos y en cómo lo vivimos que no tiene sentido».

Le daba vueltas a todo, pero aún no tenía respuestas.

California, allá vamos... otra vez

Todo ese verano de 2012, oré pidiendo dirección. Día tras día por semanas y semanas, le pedí a Dios una salida de la vida en la que estábamos atascados. Sin otro dinero que el que ganaba con mi familia, sin aptitudes laborales y sin oportunidades de huida, estábamos atrapados en Vancouver. La iglesia iba bien en cuanto a crecimiento y relaciones: la gente amaba a Christyne y la trataba bien. Pero mi familia la estaba machacando día tras día. Pronto, también yo la culpaba y me preguntaba por qué no podía fingir algunas cosas para mantener la paz. Todo era muy tóxico. Con la boda en octubre, le pedí ayuda a Dios porque creía que no lo lograríamos. En múltiples ocasiones, tuve pensamientos suicidas porque me sentía atrapado en el mundo en el que nos habíamos metido. Por fuera, mansiones, dinero y grandes promesas. Por dentro, abuso verbal y espiritual, engaño y tortura.

Entonces, de la nada, llegó una respuesta a la oración.

Recibí un mensaje de texto de mi amigo Brett. Brett era el pastor de la comunidad donde habíamos estado colaborando en la plantación de iglesias antes de mudarnos a Canadá, y un gran aficionado al hockey como yo. Me pidió hablar por Skype. Cuando entramos en la videollamada, ¡fue un espectáculo para la vista! Su gran sonrisa y su barba roja fueron un bienvenido paréntesis en el dolor que Christyne y yo estábamos experimentando.

—¡Hey, amigo! —dijo con su entusiasmo habitual—. ¿Cómo van las cosas por ahí, gran cambiamundos?—. Usábamos mucho ese término para describir lo que queríamos hacer. Queríamos cambiar el mundo. Pero definitivamente yo no era eso.

Cuando me fui le dije que iba a revitalizar la iglesia de mi padre y a cambiar el mundo en Vancouver. Me encantaba la ciudad donde crecí y su gente. Brett, un gran entusiasta del evangelismo, nos animó en todo el recorrido.

Por desgracia, todo ese cambio de mundo fue solo un sueño imposible. Tenía que admitirlo.

—Es terrible, amigo —confesé—. La iglesia está bien, pero todo lo demás está fatal. Christyne no recibe la unción especial que mi familia cree que debería recibir. La maltratan constantemente. Ahora se está alejando de ellos. Estoy empezando a enfrentarme a mi padre para defender a Christyne. Esta casa se ha convertido en un campo de batalla y no tengo ni idea de qué hacer.

Brett no se inmutó. Fue como si Dios hubiera ordenado la llamada de Skype y Brett fuera el hombre perfecto para la tarea.

—Bueno, esto podría tocar alguna fibra sensible, así que no me pegues cuando me veas, ¿de acuerdo? —se rio, pero yo sabía que iba en serio.

—De acuerdo, no te golpearé. ¿De qué se trata?

—Parece que necesitas dejar de intentar ser el héroe de tu padre salvando su iglesia y empezar a ser el héroe de Christyne, pues ella es tu futura esposa —respondió; luego dijo cinco palabras que me quemaron el corazón como un hierro al rojo vivo:

—Ella es tu ministerio principal.

Me quedé callado mientras un volcán de verdades entraba en erupción, desbaratando mis ideas erróneas sobre el matrimonio y el ministerio. Siempre me enseñaron que el ministerio era lo primero. Mi tío había fracasado en su matrimonio porque estaba casado con el ministerio. Teníamos amigos casados de la TBN que se portaban como si estuvieran felizmente casados en la televisión para que el dinero de los donantes siguiera llegando, pero vivían en casas separadas en el mismo vecindario. El matrimonio era solo de cara a la galería. ¡El ministerio lo era todo! Yo había visto cómo nuestra propia familia quedaba siempre en segundo plano por el ministerio. Había que ganar dinero y hacer el ministerio. La familia era algo secundario. ¿Ahora Brett me estaba diciendo que Christyne era mi primer ministerio y que ella era mi prioridad número uno? «¿Cómo se hace eso?», pensé.

Me tragué mi orgullo, sabía que no tenía elección.

—Necesito ayuda —le supliqué.

—Lo sé —me aseguró—. Esto es lo que vas a hacer. Primero, vas a orar para venir a California, porque tenemos un trabajo para ti. Todavía estamos tratando de establecer esta iglesia y necesitamos un pastor de jóvenes a medio tiempo. No es glamuroso y solo tenemos nueve muchachos, pero acabamos de empezar. Necesitarás otro trabajo a tiempo parcial, y Christyne también tendrá que buscar trabajo, pero donde Dios te guía, Dios te provee.

—Además —continuó— vas a llevar a Christyne a una cita y le vas a decir que ella es tu primer ministerio y que la amarás y protegerás porque Dios así lo diseñó. Luego, dile que se van de Vancouver. Escoge algunos estados en los que piensas que podrías tener oportunidades de trabajo y deja que opine al respecto. Si no es California, no importa, oraré por ustedes. Lo único que importa es que le des prioridad a ella. Vancouver no es un ambiente saludable para ustedes dos. No importa cuánto ames a tus padres o a su iglesia, Christyne necesita saber que renunciarías a todo eso por ella.

Respiré hondo. Acto seguido, acepté. Después de salir juntos una noche, Christyne también estuvo de acuerdo.

California, allá vamos. Otra vez.

8

Transformado
por la verdad

Una de las mentiras más crueles de los «sanadores de la fe» contemporáneos es que las personas no se sanan porque son culpables de incredulidad, falta de fe o «confesión negativa».

—JOHN F. MACARTHUR

—¡Hola, Costi! Me alegro de hablar contigo —me saludó calurosamente por Skype aquel rostro familiar.

—¡Hola, pastor Tony! Gracias por concederme su tiempo para hablar.

Tenía otra videollamada con la iglesia de California. Esta vez, era el pastor de enseñanza, Anthony Wood (aunque sus amigos lo llaman Tony). Me encontraba un poco más nervioso que en conversaciones anteriores porque me estaba entrevistando por última vez antes de contratarme. Después de una serie de preguntas, llegó al tema.

—Entonces, Costi, ¿un ministerio juvenil con nueve muchachos es poco tiempo para un tipo como tú, o te gusta ser pionero en nuevos ministerios?

—¡Un ministerio juvenil con nueve muchachos suena increíble! Los nuevos ministerios pioneros también lo son. Estoy agradecido por la oportunidad de salir y servir —respondí. Estaba exultante. Este era el rescate que necesitaba, así que no iba a estropearlo. Haría lo que fuera si eso significaba estar en un lugar donde la gente desea la verdad.

—De acuerdo. ¿Y tus posiciones doctrinales? Por ejemplo, ¿cuál es tu punto de vista sobre el libro del Apocalipsis?

— Bueno, yo... —comencé a tartamudear —. No estoy seguro, pero puedo averiguarlo si hace falta—. Seguramente me ruboricé, porque él relajó el tono.

—Oye, oye, está bien, amigo, relájate. Resolveremos todo eso muy pronto. Puedo ayudarte.

Me aseguró que estaban entusiasmados por tenerme allí y que me vería pronto. Ninguno de nosotros sabía que en ese momento se estaba desarrollando una historia mayor. Solo necesitaba a alguien que lo ayudara con los jóvenes. Yo necesitaba una iglesia que me ayudara a escapar del mundo en el que estaba y me señalara la verdad.

Dejar atrás el estilo de vida del evangelio de la prosperidad

La primera semana en California pasó volando. Nos casamos de inmediato, lo que supuso un torbellino de la gracia de Dios.

No solo una hermosa iglesia con vistas al mar nos hizo un gran favor al dejarnos usar sus instalaciones, sino que los padres de Christyne pusieron tanto dinero como pudieron para la boda. A decir verdad, muchas cosas fueron reservadas con el «estilo de vida Hinn» en mente mucho antes de que la transición tuviera lugar. Esto significaba una boda en el condado de Orange cerca de los mejores hoteles con todas las comodidades para satisfacer sus preferencias.

El domingo de la semana de nuestra boda, nos presentaron a la iglesia que íbamos a ayudar a plantar, llamada Moment Church. (Con el tiempo cambiamos el nombre por el de Mission Bible Church). En medio de toda la alegría, se desató una reacción violenta contra nosotros por dejar el círculo de la familia Hinn. Cuando cruzamos la línea, Christyne fue oficialmente acusada de «arruinar la unción en mi vida», pero no nos importaba y no teníamos ni un ápice de amargura en nuestros corazones. Éramos recién casados y empezábamos de nuevo. Se acabó el abuso espiritual. Se acabó la confusión. Se acabaron las mentiras. Habíamos hecho el cambio de California a Canadá y de regreso a California en solo dos años. Poco intuíamos que Dios nos estaba preparando para el cambio más grande. Pero, primero, Dios nos despojaría de todo y pondría a prueba nuestros corazones de una manera que nunca habíamos imaginado.

Aunque estábamos libres de los abusos del evangelio de la prosperidad, ahora estábamos sujetos a salir adelante por nuestra cuenta. Por la gracia de Dios, la iglesia pudo pagarme varios cientos de dólares al mes, pero aun así necesitaba otro trabajo para llegar a fin de mes. Conseguí uno y empecé a ganar diez dólares la hora haciendo trabajos por contrato para una empresa de deportes. Apenas lo suficiente para llegar a fin de mes, pero era un comienzo. Christyne también consiguió un trabajo, pero tuvimos que vivir a cien kilómetros del condado de Orange para poder sobrevivir.

Durante nuestros primeros cuatro meses en California, vivimos en una casa embargada que alguien nos dejó usar. El banco se quedaría con ella en unos meses, pero dijo que podíamos vivir allí sin pagar alquiler hasta entonces. Cualquier sueño romántico de recién casados sobre estar en la cama todo el día juntos y mirarnos a los ojos se hizo añicos al instante porque teníamos que conducir casi doscientos kilómetros ida y vuelta seis días a la semana solo para poder pagar los alimentos, nuestras facturas y ahorrar para poder pagar el alquiler de un apartamento. Dormíamos en un viejo colchón en el suelo rodeados de nuestra ropa, que colgaba de los estantes. Nuestra habitación era casi intransitable porque nuestras pertenencias estaban amontonadas por todas partes. El piso de arriba lo ocupaban unos compañeros de piso que también se aprovechaban de la gratuidad para sobrevivir unos meses. Era un caos absoluto.

Pero, como mi amigo Brett me dijo, «Donde Dios te guía, Dios te provee». Y así fue. Unos meses después, habíamos ahorrado suficiente para pagar el depósito de un apartamento y, después de que nuestros amigos nos dieran algunos muebles viejos, empezamos a vender algunos de nuestros tesoros del evangelio de la prosperidad para pagar la deuda que nos dejó mi familia por la boda. Vendí relojes, otras joyas y objetos de valor. Ya había reducido el tamaño de un Hummer a un Chrysler barato, y luego tuve que deshacerme de ese también porque no podía pagar los plazos. Empezamos a compartir un auto. Ah, «¡problemas del primer mundo!». Pero para mí fue un gran cambio.

Lo siguiente que supimos es que estábamos viviendo a dos millas de la iglesia y, aunque no era un estilo de vida del evangelio de la prosperidad, era *nuestra* vida. Había pasado de vivir en casi mil metros cuadrados a vivir en menos de sesenta; de conducir un Hummer a conducir un Chrysler a conducir un Kia Soul a andar en bicicleta porque mi esposa necesitaba el coche para ir a trabajar; de las compras en Versace a los Marshalls; de los restaurantes de cinco estrellas a la noche de citas en Del Taco, cuando podíamos permitirnos los tacos a dólar. No era glamuroso, pero era honesto. No había lujos, pero tampoco culpabilidad. La gente podría haber pensado que habíamos fracasado, pero nosotros sentíamos que nos había tocado la lotería. Tenía paz. Podía dormir por la noche. Nadie estaba siendo explotado por mis decisiones. A pesar de que esos primeros meses fueron los más duros que habíamos enfrentado, sentí que este era el camino correcto, la manera correcta de empezar en el ministerio.

Firme en la verdad, flexible con las personas

Durante los primeros meses en la iglesia, nadie se dio cuenta de que yo era un Hinn. Algunas personas lo sabían, pero no le daban mucha importancia. Me trataban como a cualquier otra persona y forjaba relaciones basadas en quién era yo, no en cuál era mi apellido. Brett y yo continuamos disfrutando de nuestra amistad, y pronto el pastor Tony y yo salimos a almorzar y tuvimos interesantes debates.

A sus treinta y cuatro años, Tony era un pastor divertido, pero había empezado a ponerse muy serio en lo que se refiere a la verdad. Aunque era dogmático sobre ciertas verdades, era paciente y flexible con aquellos que se encontraban atrapados en la ignorancia. De esa forma enfocó sus conversaciones conmigo acerca de la predicación de la prosperidad, la sanación por fe y mi trasfondo familiar. Un día, al regresar de un encuentro para almorzar, hizo una pregunta de peso.

—¿Qué piensas de todas esas cosas que enseña tu familia sobre las sanidades?

—No estoy muy seguro —respondí—. Sé que Dios sana, pero muchas cosas que enseñan no parecen tener sentido. Siempre vinculamos el dinero con la curación, así que el evangelio de la prosperidad y las sanidades parecían ir unidos. Amo a mi familia, pero muchas cosas no cuadran —contesté lo más genéricamente que pude porque no quería decir ninguna estupidez.

Su tono cambió.

—Sí, bueno, tampoco a mí me convence eso. Es un camino peligroso.

«¿Qué sabe él que yo no sepa?», pensé. Pero en ese momento no estaba listo para preguntar.

Mientras observaba la vida del pastor Tony en los meses siguientes, vi a un hombre que era honesto sobre su humanidad y sus defectos, pero entregado con fervor a la verdad. Nunca pretendió ser perfecto, pero siempre estaba progresando como líder. Era un equilibrio de gracia y coraje que nunca había visto antes. Amaba a las personas, pero no hacía concesiones. Él te podía decir la verdad con la mayor dureza, pero sus ojos se llenaban de lágrimas al hacerlo. Era una clase de ministerio pastoral que nunca había vivido en mi mundo.

No solo el pastor Tony era diferente de lo que yo estaba acostumbrado, sino que todo el ministerio resultaba revelador. Nadie en el equipo vivía fastuosamente mientras hubiera otras personas sufriendo. La iglesia presupuestaba con responsabilidad y se aseguraba de que la gente tuviera un salario digno. La congregación y los líderes de la iglesia se rendían cuentas unos a otros. Y, lo más extraño de todo, ¡el pastor Tony solo hablaba deliberadamente de dinero una vez al año, en enero! Enseñaba una serie sobre lo que la Biblia dice acerca del tema, luego todos nos comprometíamos a apoyar generosamente a la iglesia y servir a nuestra comunidad con nuestros recursos, ¡y eso era todo! Realmente no hablábamos de dinero, y la iglesia gozaba de salud y ejercía la generosidad con sus recursos.

Hablando de choque cultural. Todo parecía contrario a la intuición. «¿Es esta la versión de la iglesia que he estado buscando? El liderazgo es diferente. La enseñanza es diferente. La gente es diferente. Creo que así es como debe ser la iglesia», pensaba en mi interior.

Un pasaje transformador

El pastor Tony entró a mi oficina una tarde y me dijo: «Necesito que prediques mientras estoy fuera».

Sonreí de oreja a oreja, le di las gracias enseguida y le dije que me entusiasmaba la oportunidad. Estábamos en una serie sobre el Evangelio de Juan, repasándolo versículo por versículo. Él me había estado instruyendo en varios métodos de estudio bíblico y ayudando a nuestro personal a profundizar en su fe y doctrina. Así que, cuando me pasó un comentario, no me sorprendió, excepto por el grosor del mismo. ¡*Clonc*! El libro golpeó mi escritorio mientras él decía: «Este es un buen comentario. Debería ayudarte a no descarrilar». Se refería al comentario de confianza como una herramienta útil para evitar que los pastores predicaran algo que estuviera fuera de los parámetros bíblicos, el tipo de cosas que un chico que provenía del evangelio de la prosperidad podría hacer después de años de vivir con falsas creencias.

—Te corresponde predicar sobre Juan 5.1-17. Ahí es donde estamos en la serie del Evangelio de Juan, así que simplemente retómalo ahí y avancemos —explicó—. Necesitaré tus notas preliminares para la próxima semana. Nos encontraremos y las revisaremos. Te daré algunas sugerencias y críticas, luego las revisarás y me enviarás tus notas finales el viernes antes de predicar. ¿Entendido?

—¡Sí, señor! —dije. Estaba exultante.

Ansioso por empezar a estudiar, cerré el tiempo libre de mi agenda y me puse a trabajar. Tomé mi Biblia y la abrí en el pasaje. El encabezado de mi Biblia decía: «La curación en Betesda». Conocía bien la historia. Jesús sanó a un hombre que había estado enfermo por mucho tiempo. Un sermón sobre sanidades, justo mi especialidad.

Cuando comencé a estudiar, utilicé las estrategias que había estado aprendiendo durante los últimos cinco meses en la iglesia. Primero, leí el texto una y otra vez y escribí observaciones y preguntas cada vez que lo leí. Todavía tengo las notas de mis sermones. Estas son algunas de esas observaciones y preguntas:

30-4-2013: Apuntes y observaciones preliminares, Juan 5.1-17

Juan 5.3— «... una **multitud** de enfermos, ciegos, cojos y paralíticos...»: Jesús vio una multitud de enfermos, pero solo sanó a un hombre en esta historia. ¿Por qué no los curó a todos? ¿Qué tenía de especial este hombre? ¿Tenía más fe que los demás? ¿Era amigo de Jesús?

Juan 5.6-7— Cuando Jesús le preguntó al hombre: «¿Quieres ser sano?», él respondió con una especie de queja y una triste historia. No dijo: «¡SÍ! ¡JESÚS, CÚRAME!» ni «¡TENGO FE PARA SER SANADO!».

Juan 5.8-9— «Jesús le dijo: **Levántate**, toma tu lecho y anda. Y **al instante** aquel hombre **fue sanado**, y **tomó su lecho**, y **anduvo**». Esto muestra el poder creador de Jesús. ¡La curación fue inmediata! No hay un proceso. Nada de música. Nada de culto especial. Nada de ofrendas. Sin fanfarrias. Sanó al enfermo con una palabra. ¡Levántate!

Juan 5.12-13— «Entonces le preguntaron: ¿Quién es el que te dijo: Toma tu lecho y anda? Y el que había sido sanado **no sabía quién fuese**, porque Jesús se había apartado de la gente que estaba en aquel lugar». La palabra griega para «saber» que se usa aquí es *eido*. Esta palabra significa «conocer, percibir, ser consciente de». Eso significa que el hombre ni siquiera sabía quién era Jesús. ¿Cómo podría tener fe para ser sanado si ni siquiera sabía quién era Jesús? ¿Cómo podía creer en Jesús si no lo conocía? ¿Intervino la fe en algo? ¿Cómo podría intervenir la fe si él tuvo una actitud pasiva para recibir su curación e ignoraba quién era el Sanador? ¿Hubo dinero de por medio? No hay ninguna indicación de que este hombre hiciera nada por Jesús para que él lo curase. Jesús parece haber sanado al hombre por su propia voluntad y deseo de hacerlo.

Cada una de estas observaciones abrió una grieta devastadora en los cimientos de mi teología en las primeras dos horas de estudio. No podía creer lo que estaba leyendo, pero, al mismo tiempo, todo empezaba a aclararse, como una cámara que cambiaba lentamente el enfoque de borroso a resolución de alta definición.

En primer lugar, Jesús sanó a un hombre de entre una multitud de enfermos. Siempre creí y se me enseñó que todo el mundo debía ser sanado. La teología de la prosperidad enseña que siempre es la voluntad de Dios sanar a todos y que si están enfermos es por su culpa, porque no tienen suficiente fe o porque no han dado una ofrenda especial para ser sanados.

En mi mundo también se decía que las curaciones a veces eran un proceso. Así podíamos tomar su dinero y decir algo como: «Sigan creyendo y confíen en que Dios lo hará en un día o dos». Pero Jesús sanó a este hombre inmediatamente. Siempre teníamos horas de música, filas de sanación especiales, productos curativos, como el aceite, y órdenes especiales que se daban a las personas para sanar. Era como si estuviéramos ofreciendo un menú para que la gente se curara, pero Jesús entró y sanó sin ningún problema. Desde luego que no tenía recogedores, ni golpeaba a la gente repetidas veces ni le dijo a ese hombre que le diera una ofrenda de siembra de fe para recibir su curación.

Me palpitaba con fuerza el corazón. Necesitaba saber más y hacer algunas averiguaciones, así que busqué el comentario que el pastor Tony me había dado. Lo abrí y empecé a leer las notas de John MacArthur sobre el pasaje:

A diferencia de muchas supuestas sanidades de hoy, las sanidades de Jesús eran completas e instantáneas, con o sin fe. Esta sanidad demuestra ese punto porque el hombre no dio muestras de fe en Jesús en lo más mínimo. Aun así, se sanó instantánea y completamente. Juan registra que al instante aquel hombre fue sanado, y tomó su lecho, y anduvo. Una de las mentiras más crueles de los «sanadores de la fe» contemporáneos es que las personas no se sanan porque son culpables de incredulidad, falta de fe o «confesión negativa». En contraste, muchas de las sanidades de Jesús no siempre manifestaron fe de antemano (cp. Mt. 8:14-15; 9:32-33; 12:10-13, 22; Mr. 7:32-35; 8:22-25; Lc. 14:1-4; 22:50-51; Jn. 9:1-7), este hombre es un ejemplo excelente. El incidente ilustra a la perfección la gracia soberana de Dios en acción (cp. v. 21). De todos los enfermos en el estanque, Jesús escogió a este. No había nada en él que lo hiciera más merecedor que los demás; tampoco andaba buscando a Jesús, fue Jesús quien se acercó a él. El Señor no lo escogió porque previera que él tenía la fe para creer en una sanidad, nunca expresó fe en que Jesús lo podría sanar. Así sucede con la salvación. De la raza caída de Adán, espiritualmente muerta, Dios seleccionó y redimió a sus escogidos por su elección soberana, no porque ellos hubieran hecho algo o lo merecieran, ni porque se haya visto en ellos de antemano la fe (6:37; Ro. 8:29-30; 9:16; Ef. 1:4-5; 2:4-5; 2 Ts. 2:13; Tit. 3:5). Aun la fe para creer era un regalo soberano (Ef. 2:8-9).[1]

Yo había viajado por todo el mundo, visto todo lo que había que ver y vivido como un rey, pero este momento superó a los diamantes más brillantes que hubiéramos tenido jamás. Las palabras parecían saltar de la página, y la antaño borrosa imagen de quién es Dios y qué es el evangelio de repente se hizo nítida.

Las palabras del entrenador Heefner de mis días en el béisbol con los bautistas de Dallas volvieron a mi mente: Dios es soberano.

---

1 John MacArthur, *Comentario MacArthur del Nuevo Testamento: Juan* (Grand Rapids, Mi: Portavoz, 2011), p. 175 del original en inglés.

Esto es lo que quiso decir todo el tiempo. Dios tiene el control. No es un genio cósmico que existe para darme lo que quiero y hacer lo que yo le ordene. Él es el majestuoso Creador del cielo y de la tierra y existimos para adorarlo. Él sana a voluntad por su poder. Él salva nuestras almas perdidas por su misericordia. Él nos llama a un propósito más grande que nosotros mismos, y le debemos la vida a él. No puede ser controlado con una ofrenda. No sana en función de si tenemos suficiente fe. Y desde luego no necesita dinero, música especial ni un místico sanador teleevangelista para cumplir su propósito divino.

El evangelio de repente cobró sentido. Mi vida existía para la gloria de Dios, no para mi propia gloria. El propósito más alto de Dios no era hacerme feliz, sano y rico; ¡era darle gloria!

El 30 de abril de 2013, justo en medio de la preparación de mi sermón, tuve lo que el pastor Tony llama mi momento de «despertar de la gracia». Empecé a llorar por cosas por las que nunca antes había llorado. Vi en mi mente los rostros de muchas personas heridas y me quedé hecho pedazos por el papel que había desempeñado al aprovecharnos de ellos con falsas esperanzas. Durante mucho tiempo, había deseado respuestas, pero no las encontraba. Ahora por fin podía ver toda la verdad. En el transcurso de lo que me parecieron horas, me arrepentí de mis pecados, de mis falsas enseñanzas y de mi vida de hipocresía. Le confesé a Dios que había tergiversado su evangelio para obtener ganancias codiciosas, y le pedí que me perdonara y me diera un nuevo comienzo. Me comprometí a estudiar la verdad, a predicarla y a defenderla a toda costa. El verdadero Jesús era ahora mi Señor, y el verdadero evangelio era ahora mi vida. Estaba listo para hacer lo que fuera necesario para arreglar las cosas y le prometí que haría lo que la iglesia necesitara de mí para arreglarlas a su vez.

No tardé mucho en tener que hacerlo.

De una altura celestial a una humillante

Poco después me encontré en la oficina del pastor Tony diciéndole lo que había experimentado y, por supuesto, lo que iba a hacer.

—¡Era una mentira! ¡Tergiversamos las Escrituras! ¡Manipulamos a la gente! ¡Hemos ensuciado el evangelio! —exclamé a toda velocidad sin visos de reducir la marcha—. ¡Tengo que hacer algo al respecto! Hay gente inocente que está siendo perjudicada. Lo peor de todo es que se está tergiversando a Jesús. Yo sé cosas que nadie sabe, y ahora todo tiene sentido. ¡Tengo que hacer algo al respecto!

Mientras yo pasaba de una declaración exclamatoria a la siguiente, el pastor Tony se sentó en su silla tan tranquilo y sereno como siempre, sonriendo y asintiendo con la cabeza. Puesto que había estado en el ministerio mucho más tiempo que yo, y era hijo y nieto de pastores, había visto esto miles de veces. Tenemos un término en la oficina para este tipo de cosas. Humorísticamente lo llamamos «fase de la jaula». La fase de la jaula alude a que cuando te das cuenta de una gran verdad por primera vez y tus emociones se apoderan de ti, es mejor que te metan en una jaula por un tiempo para mantenerte bajo control y no hacer o decir algo estúpido. ¡Nunca había necesitado estar enjaulado!

Empezó a hablarme desde su posición de experiencia.

—No, no vas a hacer nada. Al menos todavía. Jesús tiene bien controlado su evangelio, y no eres el primero en darte cuenta de estas verdades.

Sus palabras explotaron mi burbuja de celo.

—Tengo una pregunta para ti, Costi —dijo, luego hizo una pausa lo suficiente grande como para que yo recobrara el aliento y me preparara para lo que venía—. ¿Quieres ser pastor?

—Por supuesto que sí. Es lo que estoy llamado a ser. No puedo imaginarme haciendo otra cosa con mi vida —contesté. Me sentí como un hijo suplicando a su padre por sus sueños y deseos, pero consciente de que necesitaba orientación.

—Entonces sé un pastor y haz lo que hace un pastor —dijo; sus palabras eran tan categóricas que malinterpretarlas resultaba imposible—. Sirve a la iglesia, sé fiel, estudia con empeño y, si Dios decide abrirte una puerta para que hagas algo con respecto a este mal, entonces hazlo. Pero no asumas que este mundo te necesita más de lo que me necesita a mí o a cualquiera. Dios tiene el control. Él es soberano sobre todas las cosas y decide a quién va a usar en el ministerio y hasta dónde va a llegar ese ministerio. Concéntrate en la fidelidad. Dios decidirá el resto.

Sabía exactamente a qué se refería, pero era difícil de asimilar. No importaba con qué intensidad deseara enfrentarme a los males del evangelio de la prosperidad, mis esfuerzos serían en vano si no era fiel a lo que Dios había puesto delante de mí. Tenía que mantener la boca cerrada, hacer mi trabajo, servir a la iglesia y reconstruir mi teología sobre la base de una interpretación apropiada de las Escrituras. Aunque era consciente del engaño del que había formado parte, necesitaba crecer en la verdad.

Afrontar la pura y dura realidad

Era una tarde de brisa primaveral en el sur de California. Abrí una ventana y cerré la puerta de nuestro dormitorio.

John MacArthur, el autor del comentario que había usado para mi sermón, también tiene un ministerio llamado Gracia a vosotros, que ofrece excelentes recursos bíblicos sobre cualquier tema que puedas imaginar. Un amigo de Gracia a vosotros me había enviado uno de sus DVD, titulado *A Deeper Healing* (Una curación más profunda), y me recomendó que le dedicara toda mi atención. Dijo que esta serie de enseñanza en DVD me ayudaría a afrontar mejor los hechos sobre la curación y la falsa esperanza que maestros como mi tío propagaban.

Cargué el DVD y le di a *play*. Apareció una mujer en silla de ruedas. «Oh —pensé—. Esto parece interesante».

Su historia captó enseguida mi atención. Empezó a hablar y pronto me enganché a cada una de sus palabras. Allí estaba sentada en una silla de ruedas, compartiendo su testimonio frente a una gran multitud, y todo era muy diferente de lo que yo estaba acostumbrado. No había sanador. No había recogedores. Y parecía que no había un gran milagro. Solo dolor. Pronto, mi corazón comenzó a palpitar cuando la escuché preguntarse dónde estaba Dios en su cuadriplejía. Al no haber sido sanada por un famoso sanador de fe en su día, ella clamaba a Dios en medio de la confusión.

—¿Qué clase de salvador, qué clase de rescatador, qué clase de sanador, qué clase de libertador rechazaría la oración de una paralítica? —dijo. Perdida en su frustración y dispuesta a dejar el mundo, Joni Eareckson Tada hundió sus pies en el hormigón de la amargura. ¿No hay curación? Muy bien. ¡Pues no hay gozo!

Pero allí, en la oscuridad de su dolor, la luz de la verdad penetró a través de las grietas de su corazón, y de su boca salió una canción. Empezó a cantar justo ahí, en medio de su mensaje:

> Quédate conmigo, rápido cae la tarde
>
> Cuando las tinieblas se hagan más profundas,
>
> Señor, quédate conmigo
>
> Cuando otras ayudas fallan y huye el consuelo,
>
> Auxilio de los indefensos, oh, quédate conmigo.

Y el Maestro se quedó con ella. Pronto se volvió a las Escrituras en busca de sabiduría y encontró la verdad que necesitaba para cada día.

No podía creer lo que estaba viendo y oyendo. Pero tampoco había oído hablar de Joni Eareckson Tada hasta ese momento. Inspirado por sus circunstancias y su increíble compromiso con la Palabra de Dios, me sentí empujado de nuevo a buscar respuestas en la Palabra de Dios. Fue en ese momento, entre lágrimas, al ver a una paralítica compartir verdades de una manera que nunca antes había escuchado, cuando empecé a entender plenamente qué vino a hacer y quién vino a ser Jesús. Sí, fue un sanador, pero fue mucho más que eso.

Ese mensaje de Joni fue una de las muchas fichas de dominó que Dios usó para ayudarme a aprender la verdad. En el transcurso del año siguiente, todo en mi vida cambió. Esta es una breve lista de esos cambios:

- Me bauticé conforme a la Biblia después de lo que yo consideraba mi verdadera conversión.
- Me quedé sin mi título de pastor y me convertí en pastor en formación.
- Los miembros de la familia me aislaron después de que traté de hablarles en privado con la verdad.

- El Señor abrió las puertas para más mentoría de pastores fieles.

- Nuestra iglesia mejoró sus políticas de contratación de personal y capacitación de líderes.

- Busqué asesoramiento bíblico para aprender del pasado y prepararme para el futuro.

- El pastor Tony me dio más de cien libros de la colección pastoral de su familia para que pudiera estudiar la sana doctrina.

- Comencé en el seminario.

Fue un año para recordar.

Nuevos héroes de la fe

A medida que cambiaba mi concepción teológica, también lo hacían mis héroes en la fe. Me volví a la Biblia y estudié a los líderes neotestamentarios dignos de confianza y que se mantuvieron firmes. Pedro y los discípulos lo dejaron todo para seguir a Jesús (Mt 19.27) y Esteban fue martirizado por su valiente predicación de la verdad (Hch 7.54-60). Judas luchó por la fe sin importarle el precio (Jud 3). Pablo fue golpeado y encarcelado por causa del evangelio y nunca tuvo pelos en la lengua con respecto a los falsos maestros (Gá 1.8-9). A medida que profundizaba en mi estudio, se hizo dolorosamente claro que el estilo de ministerio de los Hinn no se parecía en nada al verdadero ministerio evangélico descrito en las Escrituras. Nos parecíamos a los magos codiciosos y a los impostores que la Biblia menciona varias veces (Hch 8.9-21; 2 P 2.1-3). Fue un verdadero puñetazo en el estómago tras otro, pero nunca me había sentido tan bien.

Más allá de la historia bíblica, la historia de la iglesia presentaba un cuadro nefasto del tipo de personas que predicaron doctrinas venenosas en la iglesia y abusaron del poder para enriquecerse. La Reforma cambió el curso de la iglesia para siempre cuando los hombres se cansaron de la explotación de los pobres y de la venta de las indulgencias papales por parte de la Iglesia Católica, junto con la enseñanza herética que contaminaba la fe y el culto. Martín Lutero se opuso a las falsas enseñanzas de la Iglesia Católica, y muchos otros pagaron un alto precio por ser fieles. Estaba clarísimo en la historia. Dios nunca había tenido en buena consideración a los del evangelio de la prosperidad ni a los que abusaban del poder. ¡Él siempre limpiaba la casa! La fidelidad no consistía en enriquecerse enseñando a la gente a darte todo su dinero. La fidelidad era glorificar a Dios, obedecerlo y amarlo a él y al prójimo como a ti mismo. Fidelidad para un pastor significaba dar la vida para servir a la iglesia, no que la iglesia te sirviera a ti.

Pronto, encontré inspiración en el heroísmo de William Tyndale, que fue estrangulado y luego quemado en la hoguera por el rey de Inglaterra, pero no sin antes brindarle al mundo la mejor traducción de la Biblia al inglés que jamás había tenido. Incluso en la hoguera, se cuenta que sus últimas palabras fueron: «¡Señor, abre los ojos del rey de Inglaterra!». Esa clase de pasión por la verdad, unida a una pasión por las vidas que hay que cambiar, conmovió mi alma de una manera que nunca había experimentado.

Los misioneros como Hudson Taylor, que pasaron más de cincuenta años sirviendo a China por causa del evangelio, no se parecían en nada a los héroes del evangelio de la prosperidad a los que una vez reverencié. Charles Spurgeon predicó con toda su alma en el siglo XIX y fue un firme defensor de la fe. Se hizo increíblemente famoso, pero nunca usó el evangelio como un medio para tener una vida lujosa y fácil. En vez de eso, usó su notoriedad para poner el evangelio en el centro y canalizar sus recursos en proyectos de evangelización. Otro gigante de la fe, J. C. Ryle, advirtió hace mucho tiempo a las iglesias acerca de personas como Benny Hinn y aquellos cuyas falsas doctrinas estaban sutilmente camufladas con barnices de verdad: «Ahora, esta "sutileza", nos dice Pablo, es precisamente lo que tenemos que temer en la falsa doctrina. No debemos esperar que se acerque a nuestras mentes con la vestimenta del error, sino en la forma de la verdad. La moneda mala nunca serviría si no tuviera alguna semejanza con la buena. El lobo rara vez se metería en el redil si no lo hiciera vestido con piel de oveja. Satanás es un general demasiado sabio para dirigir una campaña de esa manera».[2]

Algunos teólogos modernos y leyendas de la fe cristiana, tanto vivos como fallecidos recientemente, también desempeñaron un papel fundamental en mi crecimiento y comprensión. John MacArthur, Warren Wiersbe, R. C. Sproul, Martyn Lloyd-Jones, Millard Erickson, W. A. Criswell, Norman Geisler, John Walvoord, F. F. Bruce, y muchos otros maestros fieles llenan mi biblioteca, y sus obras apuntan a las Escrituras para tratar casi todos los temas que un cristiano necesite para una puesta a punto doctrinal. Aparte de eso, me inscribí en el seminario y comencé a estudiar griego bíblico en la Escuela de Teología Talbot antes de trasladarme al Seminario Teológico Bautista del Medio Oeste.

Los hechos eran los hechos. Todo lo que la historia bíblica, la historia de la iglesia y los predicadores fieles de hoy en día describen acerca de los falsos maestros y los codiciosos abusadores

---

2 J. C. Ryle, *Advertencias a las iglesias* (Moral de Calatrava: Peregrino, 2003), p. 131 del original en inglés.

de la iglesia encajaba en nuestro perfil. Aunque muchos de mis héroes eran predicadores muertos, de repente me sentí como si me hubiera encontrado con familiares y amigos en la fe a los que no veía desde hacía mucho tiempo y con los que deseaba encontrarme. Su ejemplo de humildad, fidelidad y devoción ferviente por la verdad fue suficiente para empujarme a la acción. Por encima de todo, el Jesucristo de las Escrituras era mi Salvador y Señor. Esa era toda la motivación que necesitaba para seguir adelante. Quería ser un verdadero pastor, pastoreando el rebaño con fidelidad y no para obtener ganancias egoístas. Quería ser un siervo audaz de Cristo, de los que predican la verdad y denuncian el error sin importar el precio de proteger al pueblo para la gloria de Dios.

9

Una teología peligrosamente abusiva

La falsa doctrina ha sido el motor elegido
por Satanás en todas las épocas para
detener el progreso del evangelio de
Cristo.

—J. C. RYLE

Después de que se publicara un artículo sobre mi historia de conversión en *Christianity Today* en el otoño de 2017, recibí correos electrónicos, tuits y mensajes de Facebook de personas de todo el mundo. Esta gente me contaba cómo sus vidas habían quedado destrozadas por culpa de la vida y ministerio de mi tío. Muchas eran historias de esperanza porque estas personas también habían sido rescatadas del engaño, pero otras muchas habían sufrido abusos tan brutales que me hervía la sangre mientras leía sus palabras de dolor. Su estado emocional, después de todo lo que habían pasado, reflejaba de cerca a alguien que sufre trastorno de estrés postraumático (TEPT).

Un hombre, a quien recordaba bien de mis días de trabajo con mi tío, me escribió para pedir oración. Viajó a muchas cruzadas de sanación y fue un creyente entusiasta en mi tío. Me explicó que su esposa y él no podían tener hijos, pero se les dijo que sembraran una semilla de fe en el ministerio de mi tío y que Dios les daría un bebé. Dieron un donativo: no pasó nada. Lo hicieron una y otra vez, y al final tomaron todo lo que tenían en sus ahorros y lo ofrendaron, esperando que Dios les concediera un bebé, su petición suprema, si hacían el sacrificio financiero supremo.

Se me rompió el corazón al leer el mensaje, pues sabía que al final esta pareja se quedó arruinada y mi tío estaba aprovechándose de sus ahorros. Afortunadamente, ese hombre y su esposa dejaron de seguir el evangelio de la prosperidad y encontraron la verdadera fe en medio de su sufrimiento, pero el daño causado por la enseñanza abusiva dejó cicatrices que nunca olvidarán.

Elly Achok Olare es un pastor en Kenia que en su día fue predicador del evangelio de la prosperidad y de la Palabra de Fe. (Palabra de Fe es el nombre de una teología que enseña que se puede obtener riqueza material y sanidad «llamándolas a la existencia». Tergiversa el tipo de confesión que vemos en la Biblia con respecto al pecado, y dice que la confesión no solo salva, sino que te permite obtener cualquier cosa que desees). Su relato de cómo Dios lo salvó de la vida que él y su esposa estaban llevando te parte el corazón. Acerca de los sucesos que llevaron a su conversión, Olare escribe sobre una de las experiencias más desgarradoras:

En 2003, mi esposa y yo perdimos a nuestra primera hija, Whitney. Yo creía que el «espíritu de la muerte» me había vencido. Mi esposa, que también estaba inmersa en la Palabra de Fe, y yo quedamos perplejos. ¿Cómo pudo Dios dejar que el diablo nos venciera así?

Personas bien intencionadas de la iglesia sugirieron que nuestra calamidad podría deberse al pecado en nuestras vidas, o a una maldición, o, como yo creía, a una falta de fe. Mi afligida esposa y yo pasamos meses arrepintiéndonos de un posible pecado oculto. También buscamos respuestas en nuestras familias por si hubiera una maldición generacional, una enseñanza importante y muy extendida en el movimiento de la Palabra de Fe.

Durante este tiempo de confusión interna, mi esposa quedó embarazada de nuevo. Y en la soleada tarde que llevamos a casa a nuestro hijo recién nacido, Robin, estábamos eufóricos por el triunfo de un bebé sano. Pero las siguientes veinticuatro horas se convirtieron en el momento más oscuro de nuestras vidas.

Cuando Robin desarrolló complicaciones, entramos en una frenética guerra espiritual junto con una amplia red de amigos que intercedieron ante Dios por nosotros. Esta vez no nos sorprenderían con la guardia baja. Nuestra fe nos aseguraba que el diablo no se llevaría a Robin. Recurrimos a los que nos daban seguridades «proféticas»: solo se permitía la vida; la muerte no era lo que nos correspondía. Pero la noche se complicó más.

En aquel entonces, mi esposa creía que tenía un don profético. Esa noche, sus visiones le mostraron a Robin jugando felizmente en el barro, y a un Robin adulto dirigiéndose a miles de personas como predicador internacional. Entre lágrimas, compartió conmigo estas imágenes en presencia de guerreros de oración reunidos en nuestra pequeña casa.

Después de la medianoche, cuando el estado de Robin empeoró, una nueva palabra profética exponía el error de la Palabra de Fe indicando que su curación estaba ahora en las manos de un médico. Salí de casa con mi bebé en brazos y buscando el hospital. A las tres de la madrugada, el doctor me miró a los ojos y me dio la peor noticia posible. Robin estaba muerto.

Llevé el cadáver de mi hijo a casa con mi esposa. Aunque estaba exhausta, levantó la mirada y me dijo «Papi», una cariñosa expresión que nunca había usado. «El niño ya está bien —continuó—. Tráemelo, quiero darle el pecho».

Aquella oscura mañana grité desde lo más profundo de mi ser mientras mi esposa y yo peleábamos por el cuerpo de Robin. Habíamos creído tener poder sobre la mismísima muerte. La oración para que nuestro hijo resucitara de entre los muertos se convirtió en un circo que solo sirvió para agudizar nuestro dolor.

Mientras mi mundo se derrumbaba, me asaltaban sentimientos caóticos. En cierto momento le grité a Dios decepcionado porque me había vuelto a fallar. Había ejercido una fe tremenda; ¿cómo podía Dios permitir que esto sucediera?

Luego vinieron varios abortos espontáneos tempranos. Sin respuestas, estábamos desconcertados con respecto a Dios, cuyos caminos ya no tenían sentido para nosotros. Aunque la fe ya solo era un espejismo, mantuvimos las apariencias, tratando de fingir que no estábamos desesperados. Sin embargo, por dentro nos sentíamos llenos de dudas, desesperanzados, incluso malditos.

¿Cómo podíamos compatibilizar estas cosas malas con un Dios bueno? Nuestra enseñanza de la Palabra de Fe nos decía que el sufrimiento de Job era consecuencia de su confesión negativa: «Jehová dio, y Jehová quitó» (Job 1.21). Pero, ¿cómo podemos entender que el mismo Pablo cayera enfermo (Gá 4.13) y, sin embargo, se regocijara en sus aflicciones (2 Co 12.10)? ¿Cómo podíamos seguir conciliando este retrato con los modernos «superapóstoles» que mercadean con la salud y la riqueza en sus libros, DVD y megaencuentros?

En mi crisis de fe y enojo con Dios, juré que dejaría el ministerio. Me sentía como un fraude por predicar un «evangelio» que no funcionaba. Dios se había convertido en un enigma, y la fe, en un laberinto.[1]

Estas son solo algunas de las innumerables historias que guardo en mis archivos como recordatorio constante de que tenemos la responsabilidad de hablar en nombre de aquellos a quienes se les ha quitado la voz y la dignidad, o a quienes se les ha sacudido o incluso destruido su más profunda fe en Dios. Sobre todo, tenemos la responsabilidad de defender a Jesucristo cuando los charlatanes arrastran su nombre por el barro.

No hay espacio para tratar toda la enseñanza que me gustaría, y este capítulo apenas arañará la superficie de los abusos del evangelio de la prosperidad. Dicho esto, debería bastar para ayudar a cada lector a tener una idea general del origen y difusión del evangelio de la prosperidad, así como de lo que la Biblia dice acerca de esta falsa y peligrosa enseñanza.

---

1. Patti Richter, Elly Achok Olare, *The Gospel Coalition*, «How God Saved Me from the Prosperity Gospel», 17 agosto 2016, www.thegospelcoalition.org/article/how-god-saved-me -from-the-prosperity-gospel/ (acceso obtenido 22 marzo 2019).

¿De dónde salió el evangelio de la prosperidad?

El evangelio de la prosperidad hunde sus raíces teológicas en lo que se denomina Nuevo Pensamiento, que es esencialmente una secta metafísica de sanación que se basa en la idea de que la mente es la clave para desbloquear tu verdadera realidad. Este movimiento se remonta al siglo XIX, y, aunque varias personas desempeñaron un papel importante en su difusión, se puede decir que la más influyente es Phineas Quimby (1802-1866). El padre del Nuevo Pensamiento era un filósofo, hipnotista y espiritista estadounidense. No afirmaba estar en consonancia con el cristianismo clásico ni con las enseñanzas ortodoxas de la Biblia, pero sus filosofías invadieron la teología cristiana. Las creencias de Quimby relevantes a este tema pueden resumirse de la siguiente manera:

- Toda enfermedad y toda dolencia tienen su origen en la mente.
- Se puede obtener sanación con el pensamiento correcto.
- Quimby creía que él había descubierto los métodos secretos de curación de Jesús.
- Jesús era un hombre normal que utilizaba métodos de control mental para sanar.
- Quimby negaba la resurrección corporal de Jesús.
- La hipnosis es la clave para la curación.

Aunque Quimby no era cristiano ni pastor, sus filosofías se han extendido por todo el cristianismo como un reguero de pólvora. Esto se debe sobre todo a los pastores que tomaron prestadas las ideologías de Quimby para sazonar el material de su ministerio, comenzando con Norman Vincent Peale (1898-1993), pastor de la Marble Collegiate Church en la ciudad de Nueva York. Peale publicó un libro en la década de 1950 titulado *El poder del pensamiento positivo*, que contribuyó a que las creencias del Nuevo Pensamiento se extendieran aún más. El cristianismo estadounidense presenció el paso del caballo de Troya por las puertas de la ciudad.

Luego llegaron hombres como E. W. Kenyon (1867-1948), que no sostenía explícitamente el Nuevo Pensamiento en su teología, pero introducía esa ideología en sus enseñanzas. Kenyon es el maestro más influyente en la vida del infame Kenneth E. Hagin (1917-2003), quien llegó a ser un icono de la teología de la Palabra de Fe y un polémico predicador. Hagin, a su vez, fue el padre espiritual del autoproclamado predicador multimillonario Kenneth Copeland (1936). Durante el mismo tiempo, Oral Roberts (1918-2009) encabezó con firmeza la explosión del teleevangelismo y de los predicadores de la prosperidad que eran como estrellas de rock y que decían sanar a los enfermos y hacer llover las bendiciones de Jesús. Estos hombres se convirtieron en los nombres más conocidos para la teología de «nómbralo y reclámalo» y el evangelio de la prosperidad. Hoy, son venerados como héroes de la fe por mi tío Benny, Joel Osteen (cuyo padre, John Osteen, adoraba a Kenneth Hagin), Joyce Meyer, Maurice Cerullo y muchos otros.

¿Cómo se hizo tan popular el evangelio de la prosperidad?

Esto todavía no responde a la gran pregunta: ¿cómo es posible que esta estafa que se hace pasar por cristianismo se haya hecho tan popular? Una cosa es saber de dónde vino, pero es igual de importante ver cómo llegó a engañar a tanta gente.

El evangelio de la prosperidad apela al profundo anhelo de paz, salud, riqueza y felicidad de todo corazón humano. No hay nada malo en querer una vida buena y feliz, pero el evangelio de la prosperidad usa a Jesucristo como un peón en su engaño sobre enriquecerse al instante. El evangelio de la prosperidad vende la salvación y una falsa esperanza. Pero la paz verdadera y duradera solo puede encontrarse por medio de la fe en el Señor Jesucristo. En el próximo capítulo se habla más de ello.

El impulso moderno del evangelio de la prosperidad comenzó en la década de 1950.

Nacido en 1918, Granville «Oral» Roberts fue, en muchos sentidos, el pionero del evangelio de la prosperidad de la era moderna. Pasó de ser pastor a construir un imperio multimillonario basado en una premisa teológica principal: Dios quiere que todas las personas sean sanas y ricas. Oral Roberts no se anduvo con rodeos sobre su versión de Jesús o del evangelio. Él enseñó y defendió categóricamente su creencia de que el principal deseo de Jesús es que prosperemos materialmente y tengamos salud física a la par de su paz y poder en nuestras almas.

Oral Roberts tergiversó la Biblia para demostrar su punto de vista. Por ejemplo, enseñaba que fue Jesús quien dijo en 3 Juan 1.2: «Amado, yo deseo que tú seas prosperado en todas las cosas, y que tengas salud, así como prospera tu alma». Para empezar, fue Juan quien escribió esto, no Jesús. Segundo, Juan no le está diciendo a Gayo (el destinatario de la carta) que Dios quiere que sea sano y rico. Esta era simplemente la manera en que el apóstol Juan saludaba con amor a Gayo. El saludo de Juan es como enviar un correo electrónico que comienza diciendo: «¡Hola! Espero que te vaya bien». Al pertenecer a una familia de Oriente Medio, estoy muy familiarizado con los elaborados saludos y despedidas de esa cultura. No es raro que nos saludemos unos a otros y nos digamos adiós con expresiones profundas como las de Juan. Este versículo no es algo sobre lo que construir toda una postura religiosa. ¡No es más que un saludo!

Los libros superventas de Oral Roberts a menudo reunían las enseñanzas del evangelio de la prosperidad y del movimiento de la Palabra de Fe bajo un mismo techo. Sus libros tenían títulos atractivos, como *Si necesitas sanidad haz estas cosas*, *The Miracle of Seed-Faith*, *A Daily Guide to Miracles* y *Successful Living through Seed-Faith*. Las multitudes desesperadas difícilmente podían rechazar sus grandes promesas. Ignoraban que Roberts estaba masacrando el verdadero evangelio de Jesucristo. La gran afluencia de gente y dinero cegó tanto a Roberts como a los que lo seguían.

Mientras tanto, muchos otros factores facilitaron la difusión del evangelio de la prosperidad, demasiados como para abordarlos aquí. Pero, para iluminar al lector, presentamos tres que lo harán reflexionar:

1. *La tecnología*: los avances en los medios de comunicación permitieron a los maestros difundir su versión del evangelio más rápido que nunca. De América a África, las audiencias globales estaban recibiendo el evangelio equivocado por televisión, radio y, hoy en día, en la palma de la mano. Un mensaje predicado con tanta frecuencia parecía legítimo y apelaba a sus necesidades materiales. ¿Cómo puede un misionero en el nivel más bajo del campo misionero competir con un predicador que usa un Rolex para convencer

a la gente noche tras noche de que el evangelio de la salud, la riqueza y la felicidad los hizo ricos?

2. El *movimiento de los buscadores*: durante los últimos cuarenta años, las iglesias dirigidas a los buscadores dominaron el paisaje cristiano en Estados Unidos. Una iglesia dirigida a buscadores es aquella que se dirige a los intereses de personas que no tienen interés en la iglesia. Esto parece una gran idea, pero los métodos usados para hacer que la gente venga a la iglesia y mantenerla en ella tienen poco que ver con la Biblia. Como dice el viejo refrán: «Cómo los metes en la iglesia es cómo los mantienes en la iglesia». Para la iglesia orientada a los buscadores, los entretenidos espectáculos al estilo de Broadway casi reemplazaban el sermón, y se tocaba música secular en la adoración para hacer que los no cristianos se sintieran más cómodos. ¿Y puedes adivinar lo que se filtró en el mensaje de estas iglesias? El evangelio de la prosperidad. Jesús, en el movimiento de los buscadores, era un hombre blanco de ojos azules que mejoraba tu vida ofreciéndote el sueño americano. Las iglesias de buscadores no hablaban sobre el pecado, el arrepentimiento o los momentos difíciles. La dura verdad (no importa con cuánto amor se presentara) era mala para el negocio. Un evangelio más suave significaba mensajes más suaves. Todo estaba orientado a hacer que la gente se sintiera bien. Como un amigo que nunca te dice la cruda verdad, el movimiento de los buscadores falló a la hora de ser fiel en predicar todo lo que Jesús enseñó. Como resultado, las iglesias se llenaron con una asistencia récord. La gente amaba al Jesús orientado al buscador porque era muy fácil de seguir y ofrecía

un pasaje dorado al cielo. Cuidar del rebaño de Dios alimentándolo con la verdad pasó a ser una complacencia corporativa para que la gente siguiera asistiendo. No se desafiaba a las personas a profundizar y a ejercitar el discernimiento. En su lugar, por muy bien intencionado que fuera el esfuerzo, buscaban la unidad a costa de la verdad, y las consecuencias fueron nefastas. Iglesias como Willow Creek admitieron abiertamente haber creado cristianos bíblicamente analfabetos por más de dos décadas antes de abordar el problema en 2008.[2] Este es un pequeño ejemplo del panorama general. Millones de cristianos estadounidenses no estaban aprendiendo de la Biblia, estaban siendo entretenidos. ¿Cómo podían oponerse al error si no conocían la verdad? ¿Cómo podían tomar en serio la doctrina si sus líderes no lo hacían? ¿Cuándo sabrían defender la verdad si sus pastores evitaban adoptar una postura?

3. *Concesiones al consumismo*: seamos honestos y preguntémonos cuántos predicadores de la prosperidad son ahora publicados por las grandes editoriales. Una editorial importante tuvo que rechazar el manuscrito de este libro. Aunque estaban interesados, habrían sufrido una gran controversia porque cuentan con cuatro autores del evangelio de la prosperidad reconocidos mundialmente que mantienen su negocio boyante. ¿Cuántos libros del evangelio de la prosperidad hay en los estantes de las principales librerías y tiendas cristianas? ¿Cuántas

---

2. Bob Burney, «Willow Creek Model, Its Leaders Say, Fails at Discipleship», Christian examiner.com, 1 enero 2008, https://www.christianexaminer.com/article/willow.creek .model.its.leaders.say.fails.at.discipleship/44056.htm. (acceso obtenido 22 marzo 2019).

conferencias traen a predicadores famosos, aunque prediquen el evangelio de la prosperidad, porque llena los asientos? En última instancia, es algo muy lucrativo para las empresas cristianas. Libros, seguidores, productos e influencias equivalen a dólares de ganancias. No es lo ideal, pero es el mundo orientado al consumidor en el que vivimos hoy en día.

Permíteme ir un poco más allá de estos tres factores. Esto puede doler un poco, pero tenemos que quitarnos la venda: ¡esto lo hicimos nosotros! Con nosotros, me refiero a todos los que profesamos ser cristianos. Como colectivo hemos desempeñado algún papel en el surgimiento de la teología de la prosperidad en algún momento. Ya sea por el silencio pasivo o por la participación activa, permitimos que los falsos evangelios se establezcan. Necesitamos asumir juntos la responsabilidad, lo creamos o no, de erradicar males como el evangelio de la prosperidad. Eso comienza con el compromiso de defender el verdadero evangelio a toda costa.

¿Hasta dónde llega el evangelio de la prosperidad?

El evangelio de la prosperidad solía considerarse la gallina de los huevos de oro de algunos estafadores que se hacían pasar por predicadores. Hoy, el evangelio de la prosperidad ha explosionado para convertirse en una de las enseñanzas más populares del mundo. Ha invadido continentes como África y Sudamérica y sigue produciendo pastores y otras personas que buscan obtener un buen sueldo. El pastor zambiano Conrad Mbewe, que ha pasado años lidiando con la destrucción que el evangelio de la prosperidad ha causado en África, la ha llamado la exportación número uno de Estados Unidos.

Muchas de las iglesias y denominaciones más grandes de Estados Unidos en los últimos treinta años han centrado tanto sus esfuerzos en atraer y retener a los miembros que han prestado poca atención a lo que estaba sucediendo fuera de su iglesia o de sus círculos denominacionales. En consecuencia, las iglesias y denominaciones más populares e influyentes no actuaron como colectivo para hacer retroceder el evangelio de la prosperidad. Hay iglesias muy influyentes que sí lo han hecho, pero son la excepción. Tal vez muchas de ellas simplemente han optado por ignorar la amenaza, pensando que eran solo unos pocos locos telepredicadores de la TBN. Pero ahora el evangelio de la prosperidad está en todas partes.

Recientemente, una de las últimas organizaciones exclusivamente cristianas de apadrinamiento de huérfanos se puso en contacto conmigo con una de las invitaciones de mayor humildad que he recibido en mi vida. Querían que viajara varias veces al año, que compartiera mi historia, que hablara sobre el poder del evangelio y que ayudara a su organización invitando a la gente a apadrinar a los huérfanos más necesitados por todo el mundo. Me sentí muy honrado por que me pidieran ayuda e hice que mi asistente fijara una reunión con su representante en mi agenda lo antes posible. Como en el pasado había dedicado tanto tiempo a aprovecharme de la gente del tercer mundo, aproveché la oportunidad de ayudar a los huérfanos por medio de este ministerio.

Durante nuestra reunión, la representante me explicó su papel, cómo funciona la organización y lo que deseaba que yo considerara. Parte de su discurso me decía que son la última organización exclusivamente cristiana que ofrece apadrinamiento de huérfanos. ¿Un ministerio paraeclesial sin concesiones y que ayuda a los huérfanos? Yo era todo oídos.

Las cosas marchaban bien hasta unos treinta minutos después de la reunión, cuando el representante me planteó si tenía alguna pregunta. No tenía muchas, pero les pregunté con quién trabajaban. Aunque estuve en la burbuja de los Hinn la mayor parte de mi vida, formábamos parte del evangelicalismo mayoritario y conocía muy bien el sistema: si puedes hacer que los otros ganen dinero, por lo general miran hacia otro lado cuando se trata de ciertas cosas. Quería saber si esta organización cristiana internacional estaba asociada con predicadores de la prosperidad.

Después de plantear mi pregunta, la reunión se volvió incómoda.

—Bueno... —dijo, e hizo una pausa—. Sabemos lo que piensa sobre el evangelio de la prosperidad, pero acabamos de firmar un acuerdo con un predicador de la prosperidad porque es muy conocido y puede ayudarnos a conseguir más apadrinamientos.

—¿Por qué ha seguido su organización ese camino a sabiendas y luego me ha invitado a unirme? Esto no tiene sentido —le pregunté—. ¿Son conscientes de la confusión que va a suponer para los que saben que es un predicador de la prosperidad?

—Lo entendemos perfectamente, y quiero que sepa que nos estamos planteando la misma pregunta. Nuestro equipo tiene inquietudes, y estamos tratando de abordarlas.

La forma en que se produjo esa respuesta se parecía mucho a la jerga corporativa cristiana: «Estamos tratando de evitar una respuesta directa porque sabemos que estamos comprometiendo nuestros principios, pero ya es demasiado tarde».

Asentí y expresé mi renuencia a compartir escenario con ese predicador de la prosperidad en cualquier evento con cualquier propósito. También le dije que entendía que quisieran hacer todo lo posible para ayudar a que los huérfanos fueran apadrinados, pero que atraer a los predicadores de la prosperidad simplemente porque ganan dinero es un camino escabroso para una organización cristiana. Los predicadores de la prosperidad explotan al tercer mundo, luego reciben dinero de una organización cristiana del primer mundo para solicitar apadrinamiento de los estadounidenses, quienes a su vez patrocinan a los huérfanos del tercer mundo. ¡Menudo sistema! Yo quería de todo corazón ayudarlos a conseguir el patrocinio para los niños huérfanos, pero, después de nuestra discusión, no estaba seguro de que siguieran contando conmigo ni de que yo me sintiera bien trabajando con ellos. Después de eso, no volvieron a llamarme. No me sorprendió.

Conduciendo a casa desde la reunión de ese día, estaba muy disgustado. Lo que todo el evangelicalismo mayoritario solía llamar herejía ahora se estaba pasando por alto. Parecía que todo el mundo embarraba las aguas y ponía en peligro el cristianismo clásico, bíblico y ortodoxo. Estaba en juego nuestra fe. El mundo estaba observando cómo el cristianismo se convertía en objeto de burla.

Mi alegre luna de miel de abandono del evangelio de la prosperidad había terminado. Me di cuenta enseguida de que iba a encontrar concesiones en todas partes, incluso en el que se suponía que era el lado bueno. La familia Hinn, junto con otros imperios del evangelio de la prosperidad, había realizado un trabajo excelente en la difusión del veneno de la teología de la prosperidad por todas partes.

El evangelio de la prosperidad está cambiando incluso el panorama de América Latina y del país más católico del mundo, Brasil. En un artículo para el *Washington Post*, Sarah Pulliam Bailey escribe:

> Desde un escenario rodeado por doce grandes cruces de madera, Gabriel Camargo levantó fajos de dinero brasileño falso, mostrando a su grey lo que podría ser de ellos. «Dios te bendecirá si le das mucho más a la iglesia», dijo Camargo, pastor de la Iglesia Universal del Reino de Dios. Luego extendió un brazo con una gran bolsa negra a sus feligreses del barrio obrero de Osasco. «Saquen de sus billeteras y carteras» dijo, dando instrucciones a su rebaño para buscar reales brasileños. Alrededor de una docena de personas se apresuraron, dejando billetes y monedas en la bolsa. Los que no tenían dinero en efectivo no tenían que preocuparse: un acomodador les ofreció un lector de tarjetas de crédito. «Tendrás tanto dinero si das generosamente a la iglesia —dijo el pastor— que saldrá humo de la máquina». En un país que se enfrenta a la peor crisis económica de su historia, con largas colas en las oficinas de empleo y en las clínicas de salud pública, quizás no sorprenda que los brasileños se sientan cada vez más atraídos por las promesas de riqueza personal.[3]

La Casa Blanca tampoco está exenta. Una tarde recibí una llamada de un productor de la CNN que me pidió que acompañara

---

3 Sarah Pulliam Bailey, «How the Prosperity Gospel Is Sparking Major Change in the World's Most Catholic Country», *Washington Post*, 30 octubre 2017, https://internationalreportingproject .org/stories/view/how-the-prosperity-gospel-is-sparking-a-major-change-in-the-worlds -most-cat (acceso obtenido 22 marzo 2019).

a Carol Costello en *Across America*. Yo había estado en el programa antes, pero esta vez necesitaban una persona que hablara sobre un tema embarazoso para el cristianismo evangélico. Paula White, una conocida predicadora de la prosperidad y asesora espiritual del presidente Donald Trump, acababa de decir públicamente que le dieran una ofrenda especial si querían que Dios los bendijera. Incluso sugirió que dar la ofrenda los protegería de consecuencias divinas. Esto no es nada fuera de lo común para los predicadores de la prosperidad, pero, con su plataforma pública y su influencia en cómo está representado el cristianismo en la Casa Blanca, es muy importante. Tras la indignación de muchos pastores y la cobertura de una serie de noticias, una portavoz de Paula White se puso en modo control de daños y emitió una declaración diciendo que las cosas se habían sacado de contexto. La declaración expresaba que Paula nunca tuvo la intención de que la gente diera por miedo al juicio divino y que estaba hablando más de su propio compromiso de dar las primicias a Dios. En mi humilde opinión, al haber pasado mucho tiempo con predicadores de prosperidad y haber estudiado con ellos en el oficio de recaudar fondos, este era un ejemplo clásico de extralimitación, con la consiguiente maniobra para evitar el contragolpe. Creo que lo único fuera de contexto era la interpretación de las Escrituras de Paula.

Por el momento, el evangelio de la prosperidad ha llegado para quedarse y se está extendiendo por todo el mundo, perjudicando al verdadero evangelio de Jesucristo. Es un mal que se presenta como una bendición, pero es realmente una maldición. Parece ser una extensión amorosa de la bondad de Dios, pero podría decirse que es el tipo más odioso y abusivo de falsa enseñanza que aflige a la iglesia en la actualidad.

¿Qué tiene que decir la Biblia sobre los falsos maestros?

Cuando uno considera el estilo de vida del evangelio de la prosperidad y de los maestros que difunden esa peligrosa doctrina, las implicaciones pueden ser abrumadoras. La gente está perdiendo sus ingresos, su esperanza e incluso sus almas. Personas inocentes están siendo atacadas, en el peor de los casos, por charlatanes a quienes no les importa la destrucción que provocan, siempre y cuando los dólares sigan llegando, o, en el mejor de los casos, por maestros que son tremendamente iletrados y desconocedores de la teología básica de la Biblia. Al mismo tiempo, parece haber un contingente de personas que desean este tipo de enseñanza. Al igual que el *showman* que sube al escenario para recibir el aplauso de la multitud, parece haber una especie de contrato no escrito entre el engañador y el engañado. ¿Será que la gente quiere que se le predique la prosperidad? ¿Por qué caen en este tipo de enseñanza? ¿Cómo es posible que no se controle ese mal? Afortunadamente, la Biblia tiene respuestas para estas preguntas. Veamos cuatro verdades claras que nos ayudan a discernir las mentiras:

1. *Los falsos maestros se disfrazan de buenos chicos* (2 Co 11.13-15). Cuando el apóstol Pablo estaba escribiendo a la iglesia en Corinto, su falta de discernimiento estaba causando que los engañaran unos falsos maestros que se hacían pasar por apóstoles de Cristo (11.13), al parecer para ganar dinero, poder o ambas cosas. La iglesia estaba siendo envenenada por el engaño, pero lo toleraban (11.4). Pablo le indica a la iglesia de Corinto que él no se benefició de su trabajo con ellos; de hecho, su ministerio en Corinto lo financiaron otras iglesias. Pero, para dejar claro que

él es un verdadero apóstol y que los demás son falsos, enumera sus credenciales. Sí, hace señales, milagros y prodigios (12.12), pero nunca se aprovecha de nadie en su ministerio, y a menudo sufre por eso (11.23-30). Nunca se ha aprovechado de ellos, ni los ha esclavizado, ni los ha explotado, ni los ha abofeteado,[4] como sí lo han hecho los falsos profetas (11.20). Se esforzaba por despertar a los corintios de la trampa que se les había tendido. Después de expresar su amor por la iglesia y su preocupación por que los hicieran descarriarse, Pablo emite esta advertencia: «Porque tales hombres [los que predican un evangelio diferente al de Pablo] son falsos apóstoles, obreros engañosos que se disfrazan de apóstoles de Cristo. No es de extrañar, pues incluso Satanás se disfraza de ángel de luz. Por eso no es de extrañar que sus siervos también se disfrazaran de siervos de justicia, cuyo fin será conforme a sus obras» (11.13-15).

El diablo no acostumbra a aparecer al pie de tu cama con su tridente y su cola roja gritando: «Aquí estoy para engañarte». Del mismo modo, sus falsos profetas no ganan dinero subiendo al escenario para decir: «¡Entrega todo tu dinero a mi codicioso plan y te daré falsas esperanzas!». Los falsos profetas son como el caballo de Troya, se infiltran en la iglesia. Al igual que un casino de Las Vegas, los falsos profetas prometen darte todo lo que siempre has soñado y luego te dejan con los bolsillos vacíos. Por eso Pablo fue tan claro con estos confiados cristianos corintios. Es cuestión de vida o muerte, y el diablo juega en serio.

---

4 La mayoría de los comentaristas están de acuerdo en que este «abofeteado» es probablemente una referencia metafórica a no ser respetado, ser manipulado y tratado con desprecio. Sin embargo, uno no puede evitar fijarse en la interpretación literal de las palabras de Pablo y pensar en los predicadores mencionados anteriormente, como Smith Wigglesworth, quien agredía físicamente a los enfermos en sus actividades ministeriales.

Necesitamos discernir, estar conscientes y armados bíblicamente para resistir el engaño sin importar lo bien que luzca, lo
bien que suene, o lo bueno que prometa ser.

2. *Los falsos maestros usan el engaño para enriquecerse* (2 P 2.1-3).
Alertando sobre los peligros a los que se enfrentaba la iglesia,
Pedro redactó una de las cartas más reveladoras cuando escribió
2 Pedro. En ella presenta un cuadro perfecto de cómo será un
falso maestro y del motivo que hay tras su «ministerio»: «Pero
hubo también falsos profetas entre el pueblo, como habrá entre
vosotros falsos maestros, que introducirán encubiertamente
herejías destructoras, y aun negarán al Señor que los rescató,
atrayendo sobre sí mismos destrucción repentina. Y muchos
seguirán sus disoluciones, por causa de los cuales el camino de
la verdad será blasfemado, y por avaricia harán mercadería de
vosotros con palabras fingidas. Sobre los tales ya de largo tiempo
la condenación no se tarda, y su perdición no se duerme»
(2 P 2.1-3).

Con toda claridad, Pedro nos presenta la instantánea que
necesitamos para entender lo que están haciendo los predicadores de la prosperidad. Son mercaderes de Cristo, que tergiversan
su nombre para ganar dinero y lo hacen «encubiertamente»
(v. 1). Es una gota de engaño en medio de la verdad. Si dijeran
mentiras absolutas, los atraparían. Tienen mucho éxito y pueden
influir en «muchos» (v. 2) mediante su sensualidad y sus palabras suaves para pasar desapercibidos en su acción depredadora
de almas. Sacrifican la verdad para alcanzar el objetivo principal, y «por avaricia harán mercadería de vosotros con palabras
fingidas» (v. 3). Ahí está la evidencia de lo que la Biblia quiere
decir cuando afirma que el amor al dinero es la raíz de toda
clase de males (1 Ti 6.10). Es este anhelo de dinero lo que lleva

a los falsos maestros a tales extremos para obtenerlo. No ganan dinero con un trabajo honesto. Su trabajo es esforzarse por obtener una ganancia sucia, usando una fachada falsa y un Jesús falso para llevar a cabo su tarea. Usando la palabra griega *plastos*, que significa artificial o ficticio, Pedro nos da todo lo que necesitamos para discernir el barniz sintético de un falso maestro: (1) tergiversarán sutilmente las verdades acerca de Cristo, (2) serán muy populares y (3) serán codiciosos.

No importa cuánta verdad digan creer o enseñar, si ves estas tres señales, la sentencia está clara.

3. *Hay demanda de falsos maestros* (2 Ti 4.3-5). No es justo culpar solo a los codiciosos predicadores de la prosperidad. No tendrían negocio si no hubiera tantos clientes pidiéndolos. En su última carta, Pablo advirtió a su protegido pastoral, Timoteo, de cómo se iban a poner las cosas, y no iba a ser agradable. Advirtió: «Porque vendrá tiempo cuando no sufrirán la sana doctrina, sino que teniendo comezón de oír, se amontonarán maestros conforme a sus propias concupiscencias, y apartarán de la verdad el oído y se volverán a las fábulas. Pero tú sé sobrio en todo, soporta las aflicciones, haz obra de evangelista, cumple tu ministerio» (2 Ti 4.3-5).

Como una turba que reclama el veredicto que prefiere, hay gente que realmente quiere el evangelio de la prosperidad.

Pablo estaba advirtiendo acerca de las personas que prefieren los mitos a la verdad porque los mitos les hacen sentir bien. Las iglesias de hoy están llenas de este tipo de canjes. Los pastores suben al púlpito y les dicen a los fieles lo que quieren oír y cada semana los devuelven a la calle a sentirse bien. Si dicen una palabra fuera de lugar o predican un sermón duro con amor, los miembros se van y se llevan sus chequeras consigo.

¿Quién en su sano juicio solo iría al médico si recibiera buenas noticias? ¿No se les debería comunicar a los pacientes si algo anda mal? Si tienen síntomas negativos, ¿no debería el doctor dar un diagnóstico preciso y tratar el problema? Ningún paciente le dice al doctor: «¡Cómo se atreve a decirme la verdad! ¡Me voy de aquí!». Sin embargo, preferimos que nuestros pastores eviten el tema del pecado, nos digan que Dios nos quiere a todos ricos y felices y luego nos envíen a un mundo hostil con una palmadita en la espalda, diciendo: «Tú eres bueno». ¡No mientras Pablo lo vea! Él quería que el joven Timoteo entendiera que, aunque a algunas personas les gusta que sea fácil, la verdadera iglesia querrá la dura verdad porque sus miembros querrán cambiar para mejor. Querrán enfrentarse a su pecado, querrán conocer la voluntad de Dios para sus vidas y querrán saber si están equivocados para poder ser corregidos.

La demanda de un cristianismo fácil y de la ruleta para elegir religión siempre estará ahí, pero eso no significa que tengamos que caer en la trampa.

4. *Los falsos maestros recibirán lo que merecen* (Jud 12-13). Cuando hablo con otros sobre los peligros del evangelio de la prosperidad, casi siempre hay alguien que dice: «Espero que esa gente arda en el infierno. Se lo merecen». Estos sentimientos no deben expresarse a la ligera. Dios tiene la última palabra sobre cuándo será su último aliento, y nuestro trabajo no consiste en determinar lo que un hombre o una mujer merece, sino más bien en vivir en obediencia a Dios y rogarle que los cambie. Como pecadores, todos merecemos el infierno (Ro 3.23), pero, arrepintiéndonos de nuestros pecados y volviéndonos a Jesucristo con fe, podemos ser salvos (Ro 10.9). Por ahora, mientras estamos vivos, la Biblia advierte sobre la destrucción que espera a los abusivos falsos maestros. Judas dice: «Estos son manchas en vuestros ágapes, que

comiendo impúdicamente con vosotros se apacientan a sí mismos; nubes sin agua, llevadas de acá para allá por los vientos; árboles otoñales, sin fruto, dos veces muertos y desarraigados; fieras ondas del mar, que espuman su propia vergüenza; estrellas errantes, para las cuales está reservada eternamente la oscuridad de las tinieblas» (Jud 12-13).

Con imágenes poéticas pero vívidamente literales, Judas escribe lo que hoy podemos identificar en las vidas de los predicadores de la prosperidad. Son como pastores que se alimentan abundantemente y viven como reyes a costa de los desfavorecidos. Son como nubes sin agua y árboles muertos porque parecen ser algo, pero no producen nada de valor o alimento. Sus estilos de vida están marcados por el engaño, la codicia, la prostitución, la inmoralidad, el abuso sexual, la felonía, la burla y el abuso de los más vulnerables de este mundo.

El apóstol Pedro también advierte con severidad sobre los falsos maestros. «Pero éstos, hablando mal de cosas que no entienden, como animales irracionales, nacidos para presa y destrucción, perecerán en su propia perdición, recibiendo el galardón de su injusticia, ya que tienen por delicia el gozar de deleites cada día. Estos son inmundicias y manchas, quienes aun mientras comen con vosotros, se recrean en sus errores. Tienen los ojos llenos de adulterio, no se sacian de pecar, seducen a las almas inconstantes, tienen el corazón habituado a la codicia, y son hijos de maldición» (2 P 2.12-14).

Nada de esto debería hacernos ni sonreír ni ponernos violentos. No somos la policía de Dios para administrar su justicia y condenar a las almas con una autoridad que solo él posee. Esto debería hacernos responder a la siguiente pregunta con una sobriedad desgarrada: ¿cómo pueden quedar impunes?

Cuando la Palabra de Dios dice que les «está reservada eternamente la oscuridad de las tinieblas» (Jud 13), eso significa exactamente lo que piensas. Se podría incluso decir que a los que tergiversan el nombre de Jesucristo y llevan a la gente allí les está reservada la parte más ardiente del infierno. Ninguno saldrá impune. Esa realidad debe rompernos el corazón y hacer que oremos por el arrepentimiento de aquellos que han caído en las trampas del evangelio de la prosperidad, sobre todo sus maestros.

¿Por qué es tan peligroso el evangelio de la prosperidad?

Una de las razones por las que las personas están ciegas a los peligros del evangelio de la prosperidad es porque son ingenuamente inconscientes de lo anticristiano que es. Si realmente entendemos cuán malo es, no es difícil ver su naturaleza satánica y la razón por la que todas las iglesias, pastores y cristianos deben oponerse a ella. Se han escrito tomos sobre este tema, pero he hecho todo lo posible para reducirlo a una lista de los diez puntos principales que puedes usar cuando hables de este tema con tus amigos y familiares. Cada artículo de la lista contrasta algunas verdades bíblicas con el engaño del evangelio de la prosperidad.

1. *El evangelio de la prosperidad distorsiona el evangelio bíblico.* Puede entenderse bien el evangelio bíblico si se consideran algunos pasajes que rebosan de evangelio. En Romanos 5.8-10, Pablo declara: «Mas Dios muestra su amor para con nosotros, en que siendo aún pecadores, Cristo murió por nosotros. Pues mucho más, estando ya justificados en su sangre, por él seremos salvos de la ira. Porque si siendo enemigos, fuimos reconciliados con

Dios por la muerte de su Hijo, mucho más, estando reconciliados, seremos salvos por su vida».

En Romanos 3.23-25, leemos que el pecado es algo que todos hemos cometido, y que la gloria de Dios es algo de lo que todos estamos destituidos. Pablo escribe: «por cuanto todos pecaron, y están destituidos de la gloria de Dios, siendo justificados gratuitamente por su gracia, mediante la redención que es en Cristo Jesús, a quien Dios puso como propiciación por medio de la fe en su sangre, para manifestar su justicia, a causa de haber pasado por alto, en su paciencia, los pecados pasados».

Finalmente, en el que es quizás el pasaje evangélico más completo de toda la Biblia, Efesios 2.4-10 contiene declaraciones de una veracidad explosiva con respecto a lo que Dios logró en Cristo y cuál es nuestro propósito en esta vida. Pablo escribe: «Pero Dios, que es rico en misericordia, por su gran amor con que nos amó, aun estando nosotros muertos en pecados, nos dio vida juntamente con Cristo (por gracia sois salvos), y juntamente con él nos resucitó, y asimismo nos hizo sentar en los lugares celestiales con Cristo Jesús, para mostrar en los siglos venideros las abundantes riquezas de su gracia en su bondad para con nosotros en Cristo Jesús. Porque por gracia sois salvos por medio de la fe; y esto no de vosotros, pues es don de Dios; no por obras, para que nadie se gloríe. Porque somos hechura suya, creados en Cristo Jesús para buenas obras, las cuales Dios preparó de antemano para que anduviésemos en ellas».

Cuando observas estos pasajes, ¿qué notas? ¿Es el evangelio de los dones o del Dador? ¿Es el evangelio que trata sobre los redimidos o sobre el Redentor? ¿Es un evangelio de riquezas terrenales o de recompensa eterna? ¿Centrado en ganancias monetarias o en la gloria de Dios? ¿Es un evangelio que trata sobre obtener mis deseos materialistas o sobre usar lo que tengo para hacer buenas obras para Dios? Yo apuesto a que, si eres un cristiano con discernimiento bíblico, respondiste correctamente a estas preguntas.

El evangelio de la prosperidad tergiversa el evangelio bíblico al hacer que la buena nueva gire en torno a ti y a las cosas. Corrompen la vida abundante de Juan 10.10 para decir que la voluntad de Dios es que tengas Bentleys, mansiones y ascensos laborales. Tengo noticias para ti; de verdad, tengo *buenas* noticias para ti: la vida abundante consiste en la seguridad de tu alma para la eternidad. La vida abundante no es vivir setenta años de comodidad, por cortesía del evangelio de la prosperidad, y dirigirte al sufrimiento eterno en el infierno si no sigues al Cristo bíblico como tu Salvador.

2. *El evangelio de la prosperidad es un insulto a la naturaleza de Dios.* Dios es divinamente infinito y está por encima de nuestra comprensión humana. Sin embargo, se ha dado a conocer a través de la revelación divina (Escritura) y de su Hijo, Jesucristo. Sus cualidades le hacen estar más allá del control humano. No se le puede convertir en una fórmula. No puede ser manipulado. Él es santo, la definición de la perfección. Él es eterno; el tiempo no puede retenerlo. Él es soberano, el majestuoso gobernante del universo.

En Salmos 115.3 se nos recuerda: «Pero nuestro Dios está en los cielos; hace lo que quiere». Job dijo: «Desnudo salí del vientre de mi madre, y desnudo volveré allá. Jehová dio, y Jehová quitó; sea el nombre de Jehová bendito» (Job 1.21). Juan 4.24 no se anda con rodeos: «Dios es Espíritu; y los que le adoran, en espíritu y en verdad es necesario que adoren». Tenemos que darnos cuenta de que la naturaleza de Dios no es algo que podamos manipular; es algo a lo que debemos someternos.

En marcado contraste con esta verdad, el evangelio de la prosperidad enseña que Dios puede, como un genio mágico cósmico, concedernos nuestros deseos. El evangelio de la prosperidad enseña una versión de la naturaleza de Dios tan sesgada que apenas comunica una ínfima parte de lo que él es. Esto es un peligro y un abuso porque no les presenta a las personas a su Creador, a quien necesitan desesperadamente conocer. Su amor no se compra y sus bendiciones son gratuitas. Sus siervos son embajadores que reflejan quién es él realmente.

3. *El evangelio de la prosperidad confunde la expiación.* La expiación puede definirse simplemente como lo que Jesús hizo cuando fue a la cruz, llevó nuestros pecados y venció a la muerte resucitando de la tumba (1 Jn 2.2). Expiar algo significa que pagas por ello y lo reparas. Jesús proveyó la redención para los pecadores perdidos como tú y yo. Él fue el cordero expiatorio que pagó el castigo por nuestros pecados.

Los beneficios de la expiación son eternos, pero el gozo de la expectación puede experimentarse ya en la tierra. Por ejemplo, Jesús murió por nuestros pecados y nos dio la vida eterna, pero no estamos viviendo eternamente, todavía (Jn 3-16). Jesús prometió a sus discípulos que les prepararía un lugar (Jn 14.3), y que todos los que se sacrifican para seguirlo recibirán cien veces más y la vida eterna (Mt 19.29), pero ¿alguien ha recibido su cien veces más ya? Además, la expiación proveerá un cielo sin enfermedad, sin lágrimas, sin pecado y sin dolor (Ap 21.4), pero, en esta tierra, ¿estamos todos exentos de enfermedad, de pecado, de llanto y de dolor? Por último, la expiación significa que los que hereden la vida eterna en el cielo recibirán un cuerpo glorificado (1 Co 15.42-53), pero ¿estamos ya en los cuerpos espirituales glorificados? Repito: no.

Los predicadores de la prosperidad firman con su boca cheques que la Biblia no canjea. Ellos abusan de la expiación para decir que Dios garantiza tu sanidad gracias a la expiación de tu alma. Peor aún, prometen que la muerte de Jesús en la cruz no proveyó solo vida eterna, sino también riquezas terrenales. Todo lo que tienes que hacer es, por fe, aprovechar las cosas por las que él ya pagó. Este es un engaño dañino que toma algo precioso de la obra de nuestro Salvador en la cruz y lo convierte en una vulgar transacción para placeres pasajeros.

4. *El evangelio de la prosperidad degrada a Jesucristo.* Pablo dice: «Porque para mí el vivir es Cristo, y el morir es ganancia» (Fil 1.21). Juan el Bautista dice: «Es necesario que él crezca, pero que yo mengüe» (Jn 3.30). Una y otra vez, la Biblia expresa la gloria de Jesucristo como el todo y el fin para el cristiano. Jesús es el resplandor de la gloria de Dios y el sustentador de todas las cosas (Heb 1.3), el que tiene a Jesús tiene la vida (1 Jn 5.12) y él es el único camino al cielo (Jn 14. 6). Sin Jesús, el cielo sería el infierno. Toda la salud y la riqueza que este mundo puede ofrecer no puede compararse con las inmensas riquezas de permanecer con el Hijo de Dios por toda la eternidad. Jesús lo es todo. El evangelio de la prosperidad hace que la satisfacción humana sea material y que Jesús sea la guinda del pastel. Si en algún momento pone a Jesús en el centro, es porque él es la vía principal para conseguir lo que quieres. Esta versión de Jesús es solo la cáscara de lo que realmente es. El evangelio de la prosperidad promete la vida abundante que Jesús ofrece para luego entregar un evangelio que no tiene nada de Jesús.

5. *El evangelio de la prosperidad tuerce las Escrituras.* La Biblia es un libro grande y puede intimidar mucho. Pero, al investigar, nos damos cuenta de que es fácil de entender si lo enfocamos de

la manera correcta. La Biblia es una compilación de escritos de autores inspirados por el Espíritu, dirigidos a unos destinatarios, con aplicaciones. Por ejemplo, cuando leemos la epístola de Pablo a los Efesios, debemos tener en mente la intención de su carta y lo que sus destinatarios estaban viviendo en ese momento. Solo entonces, y después de haber entendido bien esas cosas, podremos aplicar eficazmente las Escrituras a nuestras vidas. No es sabio leer en la Biblia cosas que no se encuentran en el texto. Tampoco es sabio decir cosas sobre el evangelio que la Biblia no dice.

Santiago 3.1 es un recordatorio aleccionador para quienes enseñan la Biblia. Santiago escribe: «Hermanos míos, no os hagáis maestros muchos de vosotros, sabiendo que recibiremos mayor condenación». El evangelio de la prosperidad toma las viejas estrategias interpretativas que los eruditos han usado por generaciones y las pone del revés. ¡Las reglas de la hermenéutica (cómo interpretar la Escritura) se arrojan por la ventana! Toma pasajes de significado claro y basado en lo que literalmente dicen en las Escrituras y los hace significar algo completamente diferente. Como un malvado impostor que toma una carta conmovedora de un rey a sus súbditos reales y la tergiversa para propósitos de beneficio propio ajenos a su intención original, los predicadores de la prosperidad toman la Biblia y la tergiversan para convertirla en una herramienta de abuso.

6. *El evangelio de la prosperidad se mueve por amor al dinero.* El dinero es como un microscopio que magnifica lo que realmente sucede dentro de nosotros. Dios, sabiendo que el dinero no sería un problema menor en los corazones de los hombres, dio instrucciones en la Biblia tanto para usarlo bien si lo tienes como para mantener la perspectiva correcta si no lo tienes.

Proverbios está lleno de sabiduría que puede ahorrarte muchos dolores de cabeza del evangelio de la salud y el bienestar. Como ellos señalan, la sabiduría es mejor que las riquezas (Pr 3.13), así que vale la pena prestar mucha atención a lo que dice la Biblia. Confiar en las riquezas no sirve de mucho (Pr 11.28), el dinero ganado mediante engaño no dura (Pr 10.2) y es mejor tener poco pero mantener la integridad (Pr 16.8). Fuera de Proverbios, la Biblia dice que el amor al dinero es la raíz de toda clase de mal (1 Ti 6.10). El evangelio de la prosperidad está obsesionado con el dinero y las ganancias materiales. Discutir esto es discutir sobre si la gravedad existe o no. Es un hecho que debemos tener en cuenta cuando nos sentimos tentados a aceptar las mentiras. Del amor al dinero no sale nada bueno.

7. *El evangelio de la prosperidad produce falsos convertidos.* Si el Jesús del evangelio de la prosperidad no es el Jesús real, y el evangelio de la prosperidad no es el evangelio real, y muchas personas que persiguen el evangelio de la prosperidad no son cristianos reales, entonces ¿qué está pasando? Sin incluir de un brochazo a todas las almas que están involucradas en el evangelio de la prosperidad, no es exagerado decir que hay millones de falsos conversos en el mundo hoy que creen que son salvos, pero que están siendo engañados. Por eso nuestra misión es tan vital. Jesús no ha terminado su misión de cambiar vidas, pero utiliza a las personas para presentar la verdad a otras. Dijo que, si lo amamos, lo obedeceremos (Jn 14.23), y que conocer la verdad trae libertad (Jn 8.32). El evangelio de la prosperidad llena los púlpitos de impostores y los auditorios de gente que quiere ser engañada (2 Ti 4.3) o que está siendo engañada (2 Ti 3.13). Este tipo de esclavitud hace pensar que Cristo no está ahí, y trae confusión, tanto dentro como fuera de la iglesia. Esta confusión tampoco es

señal del Espíritu Santo. La historia del Espíritu Santo lo muestra guiándonos a la verdad fielmente (Jn 16.13).

8. *El evangelio de la prosperidad complica demasiado la fe.* Cuando se trata de nuestra salvación, es importantísimo entender lo que es la fe. Nuestra salvación, nuestra fe y nuestra capacidad de hacer buenas obras en esta tierra son todos dones de Dios (Ef 2.8-10). Tener fe en Jesucristo es lo que nos salva, y la evidencia de que esa fe es genuina es una vida que lo sigue. Jesús no hace que ser su seguidor sea complicado. ¡Aunque no sea una vida fácil, es una vida llena de libertad en él! Él promete que su yugo es fácil y su carga, ligera (Mt 11.30), y que su pueblo puede echar sobre él toda su ansiedad porque se preocupa de nosotros (1 P 5.7).

La fe no es dar dinero para conseguir su amor. La fe no es pagar una cuota por su gracia salvadora. La fe no está entrar en bancarrota para curarse. La fe no es viajar a un servicio especial para obtener su unción. La fe es arrepentirte de tus pecados, volverte a él y creer que él es el Hijo de Dios. Cualquier religión que diga que tienes que hacer buenas obras, dar suficiente dinero o pronunciar suficientes declaraciones positivas para liberar la gracia salvadora de Dios o las abundantes bendiciones en tu vida es una religión falsa. ¡La fe cristiana es creer en Jesucristo para vida eterna y experimentar el gozo, la libertad y la bendición de conocer a Cristo gratuitamente!

El evangelio de la prosperidad convierte la fe en un sistema basado en obras y la distorsiona al añadir cargas que la gente no puede llevar. Los fariseos hacían lo mismo cuando manipulaban y se aprovechaban de la gente (Lc 11.46).

9. *El evangelio de la prosperidad arruina el testimonio del cristianismo.* Jesús dijo: «Así, pues, cualquiera de vosotros que no renuncia a todo lo que posee, no puede ser mi discípulo» (Lc 14.33), para

señalar que adorar cosas no es la marca de sus seguidores. Sin embargo, el evangelio de la prosperidad adora los bienes materiales, y el mundo lo sabe. El evangelio de la prosperidad no podría ser peor para nuestro testimonio cristiano. Hombres y mujeres que predican el evangelio de la prosperidad el domingo se la pasan riendo el lunes durante su trayecto hasta el banco. El mundo mira mientras se burlan de Jesús, de los líderes pastorales de la iglesia y de la Biblia como fundamento de nuestra enseñanza. Por desgracia, muchas personas están abandonando la iglesia por culpa de este abuso de poder. Se supone que los líderes cristianos deben estar libres de amor al dinero (1 Ti 3.3), y no obsesionados con cómo saquear las ofrendas. Se espera que los líderes cristianos se preocupen por las personas como pastores amorosos y humildes (1 P 5.2), y no que actúen como mercaderes manipuladores. Finalmente, se espera de los líderes cristianos que usen la autoridad que Dios les ha dado para proteger a las personas del engaño y dirigir con valentía a la iglesia hacia la verdad (Heb 13.17), no para explotar y controlar a los desesperados.

10. *El evangelio de la prosperidad abusa de las personas vulnerables.* El evangelio de la prosperidad atrae a aquellos que buscan enriquecerse de entre gente desesperada por tener esperanza. Lo que estas personas desesperadas y vulnerables necesitan es un pastor que los ame, los proteja y les dé una esperanza real. Demasiadas iglesias están siendo invadidas por charlatanes, y la iglesia en general tiene que decir: «Ya basta». La iglesia debe dirigirse a las personas vulnerables con el propósito de servir a sus necesidades espirituales y físicas, no para sacarles hasta el último centavo a cambio de promesas vacías.

La predicación del evangelio de la prosperidad debe prohibirse entre el cristianismo evangélico, y hay que rechazar a los que lo predican y están asociados con él. Es hora de que el cristianismo envíe el mensaje de que el evangelio de la prosperidad no envenenará nuestro testimonio ni conquistará los corazones de los que sufren. Debemos mantenernos firmes en nuestra fe y confiar en la verdad para vencer. Para ello, hay que decir la verdad, por muy incómoda que sea. La verdadera curación puede comenzar cuando tenemos el diagnóstico correcto. El evangelio de la prosperidad es una enfermedad.

10

Una perspectiva equilibrada sobre la salud y la riqueza

La abundancia no es la provisión de Dios
para que yo viva en el lujo. Es su provisión
para que yo ayude a otros a vivir. Dios me
confía su dinero no para construir mi reino en
la tierra, sino para edificar su reino en el cielo.

—RANDY ALCORN

Un buen amigo mío ha sido inmensamente bendecido con la capacidad de obtener riquezas. Es un gran trabajador, un hombre íntegro, y todo lo que toca parece convertirse en oro.

Casi susurrando, me preguntó una vez: «¿Está bien que gane tanto dinero?». Explicó que su jefe quería darle otro aumento como recompensa por su ética de trabajo y su influencia en la empresa. Él estaba considerando rechazarlo porque sentía que era demasiado dinero para una sola persona. Después de una breve discusión, quedó claro que su problema no era ganar mucho dinero; su problema era el temor de ser etiquetado de codicioso por ser rico.

Nuestra conversación nos hizo estudiar las Escrituras para averiguar qué dice Dios sobre el tema. ¿Se opone Dios a que un cristiano gane un salario alto? ¿Qué tiene de malo que un empresario recompense a un empleado por hacer su trabajo? ¿Deberían los cristianos hacer un voto de pobreza y procurar el sufrimiento? ¿Es la pobreza la voluntad de Dios para nosotros?

A pesar de todo el daño que ha causado el evangelio de la prosperidad en las últimas décadas, el «evangelio de la pobreza» también se ha convertido en una fuerza siniestra. Algunos cristianos piensan que sufrir deliberadamente o vivir por debajo del umbral de la pobreza los hace más espirituales. Llevan su ascetismo como una insignia de honor, alardeando de lo poco con lo que viven sus familias y lo difícil que es para ellos la vida. Presumir de no comprar zapatos (cuando se puede) o usar un versículo sobre que los ricos no van al cielo para eximirse de la mayordomía no es mejor que lo que hace un predicador de la prosperidad que vive en el otro extremo.

Muchos cristianos se han vuelto cautelosos con la riqueza u ocultan sus preguntas sobre el dinero por temor a ser etiquetados como promotores del evangelio de la prosperidad. He conocido a cristianos que tienen miedo de orar por curación física porque otros podrían pensar que están en el club de fans del evangelio de la salud y la riqueza. Sobre esta línea de pensamiento, digo dos cosas: (1) Tenemos que ser implacables en llamar al evangelio de la prosperidad por su nombre: maldad. (2) Debemos mantener el equilibrio bíblico en nuestra forma de entender la salud y la riqueza. Recuerda, Dios es un Padre que se preocupa por los detalles de nuestras vidas (Lc 12.7), y eso significa que su Palabra tiene mucho que decir sobre nuestras necesidades físicas y materiales. El evangelio de la prosperidad engaña a las personas mezclando algo de la verdad de Dios en su ponzoñosa pócima teológica. No podemos empezar a tener miedo de las enseñanzas bíblicas sobre el dinero o la sanidad porque un predicador del evangelio de la prosperidad hace demasiado hincapié en ellas. Simplemente necesitamos mantener nuestro equilibrio bíblico.

En este capítulo, he esbozado algunos principios bíblicos básicos para que los tengas en cuenta en lo que respecta a la salud y la riqueza, y te animo a que los amplíes y profundices en ellos. Oro por que estas verdades te ayuden a avanzar en tus convicciones y circunstancias. Ya sea que estés luchando para llegar a fin de mes y acabes de recibir un diagnóstico negativo, o seas un mecenas del evangelio que está donando millones para el avance del reino y disfrutando de una salud perfecta, la Biblia te guardará de inclinar la balanza demasiado a cualquier extremo.

La Biblia y la salud

Principio 1: Dios sigue sanando hoy. No importa cuán cuidadoso sea un cristiano en su posición sobre los dones de sanidad, tanto los cesacionistas (los que creen que ciertos dones han cesado) como los continuistas (quienes sostienen que todos los dones siguen vigentes) deben coincidir en que, en términos bíblicos, Dios sigue sanando hoy. La Biblia nos ofrece un cuadro claro de lo que debe ser la iglesia: una dinámica comunidad de fe dirigida por líderes cualificados que no tienen ningún afán, están agradecidos, oran y están llenos de paz (Fil 4.6-7). Debemos confiar en Dios con nuestras oraciones, sabiendo que él sana conforme a su voluntad y propósitos. Su mano soberana en la curación avanza siguiendo su propio tiempo. A veces, las personas se enferman durante años antes de experimentar la curación. Otras veces, alguien parece orar una sola vez y recibir sanidad. A veces se sirve de un médico para sanar. Otras veces, las personas no son sanadas en la tierra, pero estarán libres de enfermedad y dolor por toda la eternidad en el cielo (Ap 21.4). En toda circunstancia, Dios es sanador. No siempre es su voluntad sanar ahora mismo, en la tierra. Cuándo y cómo lo hace depende de él.

Principio 2: En este mundo no tenemos garantizada la salud. Si ser cristiano garantiza que tendrás salud, entonces o hay algo que anda mal en decenas de millones de cristianos de todo el mundo o hay algo malo en esa línea de pensamiento. Yo diría que el problema no está en ellos, e incluso iría más lejos y afirmaría que las limitaciones físicas y las pruebas de esta vida son normales. Sí, hay momentos en que el pecado está ligado a la enfermedad (Stg 5.13-16), y pueden darse raras ocasiones en que los demonios tengan que ver con la enfermedad (Lc 13.11), pero, en general, la enfermedad es una parte de esta vida en un mundo roto. Podemos dar gracias a Dios por darnos cuerpos que luchan contra la enfermedad y se recuperan por sí solos, por la ciencia médica que en muchos casos ayuda a restaurar el cuerpo, y por las pruebas que nos hacen más fuertes y nos mueven a apoyarnos en Jesús, experimentando su consuelo en formas que nunca creímos posibles (Sal 34.18).

Principio 3: El gozo cristiano no depende de las circunstancias. En los últimos meses, nuestra iglesia ha tenido cuatro funerales. Uno fue por una preciosa niña que nació muerta. Otro fue por un padre de cincuenta y ocho años, con tres hijos, cuya esposa estaba luchando contra el cáncer. Unos dos meses después de su muerte, su esposa también falleció. Luego, un mes después de eso, recibimos una llamada telefónica informando que un fiel y devoto joven de veintitrés años de nuestra iglesia había muerto atropellado por un conductor que se había saltado un semáforo en rojo. Nuestra iglesia fue sacudida hasta sus cimientos.

Estas familias quedaron destrozadas. Sin embargo, en medio de toda la pérdida, encontraron razones para alabar a Dios. Nadie estaba contento con estas dolorosas pérdidas, pero ¿cómo es posible que todo el mundo encontrase la alegría? ¿Por qué las familias en duelo calificaron los servicios funerarios como una «graduación» o una «celebración» de la vida? En medio de la tragedia, ¿cómo podían hablar de triunfo? Pero lo hicieron. Una a una, entre lágrimas, estas familias pusieron de manifiesto su fe demostrando que la alegría cristiana no depende de las circunstancias. Hablaron de su perspectiva eterna y se regocijaron por la seguridad de la salvación de sus seres queridos gracias a la fe en Jesús (Jn 14.6). El fruto del Espíritu Santo se hizo evidente en sus vidas a través del gozo (Gá 5.22), y así trajo aún más seguridad de su presencia y paz. Dios fue glorificado cuando ellos contaron los resultados de sus pruebas con gozo porque Dios fortaleció, probó y usó su fe para servir de testimonio a todos a su alrededor (Ro 5.3-5; Stg 1.2).

Nada de lo dicho sobre el gozo implica que no haya dolor. Tampoco se trata de un mecanismo religioso para evitar la realidad. No, los cristianos no disfrutan al experimentar pruebas en esta vida; es en los resultados donde encontramos gozo. Dios está obrando, haciendo que nuestro dolor tenga sentido y usando nuestro testimonio para animar y fortalecer a otros. Eso sigue siendo bueno (Ro 8.28).

Principio 4: El sufrimiento y las pruebas son parte de la vida. No importa cuán maravilloso creamos que debería ser este mundo, y no importa cuán perfecta diga un predicador de la prosperidad que será tu vida si das una ofrenda lo suficientemente grande, el sufrimiento y las pruebas son una parte de la vida. Pregunta a tu alrededor o reflexiona sobre tu vida ahora mismo. ¿Caíste enfermo? ¿Perdiste a un ser querido? ¿Te han hecho daño los demás? ¿Te han mentido y acusado de cosas que nunca has hecho? ¿Has sufrido abusos? ¿Rechazo? Por supuesto. Todos los tenemos de una forma u otra. Jesús prometió que en este mundo habrá problemas (Jn 16.33), que nos aborrecerán si lo seguimos (Mt 10.22) y que las familias se dividirán por él (Mt 10.34-36). La Biblia incluso dice que todos los que deseen llevar una vida piadosa en Cristo Jesús serán perseguidos (2 Ti 3.12). Pero Jesús también prometió descanso para las almas cansadas (Mt 11.28-30) y una paz que este mundo no puede dar (Jn 14.27).

La Biblia describe un precioso panorama para el cristiano que soporta el sufrimiento y las pruebas. No importa por lo que pasemos, nada nos puede separar del amor de Dios (Ro 8.38-39), y él nos dará la salida para escapar de las tentaciones a lo largo del camino (1 Co 10.13). Dios tiene un futuro glorioso preparado para aquellos que lo aman y permanecen fieles (1 Co 2.9).

Principio 5: Las limitaciones físicas no limitan el impacto del ministerio. Pablo predicaba aun cuando su cuerpo le estaba fallando (Gá 4.13), y ministraba aun cuando estaba siendo atormentado y se sentía débil y derrotado (2 Co 12.7). Sin embargo, Dios, por su gracia, obró a través de la debilidad de Pablo (2 Co 12.9).

Al igual que Pablo, no estamos limitados por el hecho de que Dios no siempre sana cuando le pedimos que lo haga.

Joni Eareckson Tada es una tetrapléjica que se ha valido de la esperanza de Jesucristo para vivir para su gloria. Desde hace cincuenta años, Joni está confinada a una silla de ruedas. La suya es una historia de dificultades y lágrimas. No va por ahí en su silla de ruedas entusiasmada con sus limitaciones. No le gusta ni finge estar feliz de ser una persona discapacitada. Ha contado al público en numerosas ocasiones cómo en varios momentos de su vida ha luchado para encontrar el deseo de vivir. Sin embargo, en todo esto, ella sigue adelante, ministrando a miles a través de sus libros, sus discursos y el ministerio Joni y Amigos. Vive día a día, decidida a dejar que Dios le dé fuerza, paz y sentido sea cual sea su situación.

Quizá pienses en personas en tu vida que han vivido así. Tal vez una madre que luchó contra el cáncer pero que nunca dejó de cambiar el mundo con su amor. Tal vez un amigo que tenía todo el derecho a sentir autocompasión porque estaba enfermo y, sin embargo, se ocupaba desinteresadamente de otros con menos necesidades. Dios usa a la gente común para hacer cosas extraordinarias, y eso a menudo incluye a personas que otros considerarían débiles. Los predicadores de la prosperidad pierden uno de los mayores privilegios del evangelio al vivir en una burbuja de falsa esperanza: la esperanza real para las personas reales con el evangelio real transformando vidas por medio de su ministerio.

La Biblia y las riquezas

El dinero pone a prueba nuestros corazones más que nada en el mundo. Ya sea con la prueba de la pobreza o con la prueba de la prosperidad, el dinero hace salir lo mejor y lo peor de nosotros. Con demasiada frecuencia, y estoy seguro de que estarás de acuerdo, nos da miedo admitir que no sabemos tanto sobre la administración del dinero como debiéramos. Dentro de los círculos de la iglesia, es aún más difícil afrontar nuestras deficiencias en la gestión financiera porque se supone que somos personas del Libro y que tenemos todas las respuestas en la punta de la lengua. La realidad es que todo el mundo necesita revisar continuamente los principios bíblicos sobre el dinero y estudiar durante toda la vida la mayordomía financiera. Para contrarrestar algunas de las malas enseñanzas que hay por ahí, a continuación se exponen algunos principios básicos en los que basarse. Echa un vistazo a la página de recursos recomendados en la parte posterior de este libro para encontrar libros o programas que a mí me ayudaron a reconstruir una visión bíblica equilibrada de la riqueza.

Principio 1: *Dios es el dueño de todo.* Cuando pensamos en la riqueza, primero tenemos que entender que Dios es el dueño de todo. Dios no nos debe nada a ti ni a mí, no se sorprende por el estado del mundo, y no «perdió la propiedad de la tierra» cuando Adán pecó, como proclamarán los predicadores de la prosperidad y los entusiastas de la Palabra de Fe. Dios no solo posee toda la tierra en propiedad, sino que es el Creador de toda la tierra.

Dios es dueño de los millares de animales en los collados (Sal 50.10); es dueño de todo lo que está debajo del cielo (Job 41.11). El salmista declara: «De Jehová es la tierra y su plenitud, el mundo y los que en él habitan» (Sal 24.1). No se puede discutir con la Biblia sobre quién es el dueño de todo. Es Dios.

Así que, si Dios es el dueño de todo, ¿en qué nos convierte eso? Cuando entendemos este primer principio, rápidamente nos damos cuenta de que somos simplemente administradores. Un día, daremos cuenta de cómo hemos administrado lo que él nos confió (Mt 25.14-30).

Principio 2: *En este mundo no está garantizada la riqueza.* La Biblia es igualmente clara en el sentido de que, si bien Dios es dueño de todo, no hay garantía de riqueza para todos en este mundo. Jesús les dijo a sus discípulos que siempre tendrían a los pobres con ellos (Jn 12.8). Podemos deducir de sus palabras que en este mundo roto el hombre tendrá luchas en lo económico. No es de extrañar que las Escrituras sean tan categóricas con la necesidad de atender a los pobres: son parte de los más vulnerables de la sociedad. Asumiendo, por supuesto, que no son pobres por ser perezosos (la Biblia tiene mucho que decir sobre la pereza, pero tendremos que hablar de eso en otro momento), Dios se interesa grandemente por los necesitados. El libro de Proverbios contiene sabiduría sobre el servicio a los pobres porque la riqueza no siempre estará bien distribuida por todo el mundo. Por eso, debemos:

- No oprimir a los pobres, sino más bien ser bondadosos con ellos (Pr 14.31)
- Prestar a los pobres y confiar en el Señor para los resultados (Pr 19.17)
- Ser generosos y compartir la comida con los pobres (Pr 22.9)
- Dar a los pobres y no ignorarlos (Pr 28.27)
- Proteger los derechos de los pobres (Pr 29.7).

El cuidado de los pobres es necesario porque la riqueza no está garantizada para todos. Más allá de eso, las Escrituras nos muestran lo que Dios quiere para todos nosotros. La meta de todo creyente debe ser el contentamiento, no las riquezas. Debemos mantener el equilibrio en nuestra forma de entender la riqueza y la pobreza. Con su inteligencia, su amplia formación religiosa (Hch 26.5) y su ciudadanía romana (Hch 22.27), el apóstol Pablo ciertamente tenía méritos para ser rico, pero era obvio que se perdió todo lo que los predicadores de la prosperidad venden hoy. Sobre el tema de tener o no tener, Pablo escribe: «Sé vivir humildemente, y sé tener abundancia; en todo y por todo estoy enseñado, así para estar saciado como para tener hambre, así para tener abundancia como para padecer necesidad» (Fil 4.12).

Dios cumple sus propósitos en y a través de los pobres y los ricos. En definitiva, la clave para un corazón feliz es el contentamiento (1 Ti 6.8).

Principio 3: La riqueza es una herramienta para el avance del evangelio. Aunque la riqueza en este mundo no está garantizada, Dios nos da la oportunidad de obtenerla. Tal vez digas: «Nadie me dio mis riquezas, yo me las gané». Los hijos de Israel pensaban lo mismo, pero Moisés les recordó que era Dios quien los bendecía sobre la base exclusiva de su voluntad soberana. En Deuteronomio 8.17-18 leemos: «... y digas en tu corazón: Mi poder y la fuerza de mi mano me han traído esta riqueza. Sino acuérdate de Jehová tu Dios, porque él te da el poder para hacer las riquezas, a fin de confirmar su pacto que juró a tus padres, como en este día». Si Dios te ha bendecido con riquezas, debes agradecérselo con humildad y comprender que tienes una gran responsabilidad. Hablando a los ricos, Juan escribe: «Pero el que tiene bienes de este mundo y ve a su hermano tener necesidad, y cierra contra él su corazón, ¿cómo mora el amor de Dios en él? Hijitos míos, no amemos de palabra ni de lengua, sino de hecho y en verdad» (1 Jn 3.17-18).

La Biblia no guarda silencio sobre lo que los ricos deben hacer con todo ese dinero. Claro, es bíblico y prudente dejar una herencia para los hijos (Pr 13.22), y es bueno trabajar duro y ahorrar para el futuro (Pr 6.6). ¿Pero sabes cuál es el mayor propósito de la riqueza? ¡Hacer avanzar el evangelio y hacer la voluntad de Dios! Pablo le dijo a Timoteo que los ricos deben hacer esto mismo. En un pasaje sencillo, dice: «A los ricos de este siglo manda que no sean altivos, ni pongan la esperanza en las riquezas, las cuales son inciertas, sino en el Dios vivo, que nos da todas las cosas en abundancia para que las disfrutemos. Que hagan bien, que sean ricos en buenas obras, dadivosos, generosos; atesorando para sí buen fundamento para lo por venir, que echen mano de la vida eterna» (1 Ti 6.17-19).

Ahí lo tienes. Las riquezas no son pecado. Tienes permiso para disfrutarlas. Pero no pongas tu esperanza en ellas ni por un segundo. Es un medio para el ministerio, no para el materialismo.

Jesús nos ofreció una de las mejores estrategias de inversión que existen cuando dijo que acumuláramos tesoros en el cielo, donde nada puede destruirlos (Mt 6.19-21). Esto se hace poniendo tus recursos al servicio del evangelio.

No puedes llevártelas cuando te vayas. No habrá ningún camión de mudanzas detrás del coche fúnebre.

Principio 4: La riqueza no es signo de un estado espiritual de élite. Los predicadores de la prosperidad te dirán que la riqueza es indicativa de un despertar a la élite espiritual. Algo así como: «Cuando entras en la riqueza que Dios tiene para ti, es porque al fin te has dado cuenta de tu plena identidad como hijo de Dios». O alguna tontería similar.

Insisto, revisa la Biblia sobre esto. Se estima que la Biblia contiene más de dos mil referencias al dinero. Aproximadamente el cincuenta por ciento de las parábolas de Jesús abordan la mayordomía del dinero y de las cosas, y, solo en los Evangelios, cerca de trescientos versículos se ocupan de la mayordomía financiera.

¿No te dice esto que el dinero y la riqueza son un tema serio para Dios? Tampoco todos estos versículos contienen afirmaciones estimulantes sobre ser rico; más bien, muchos de ellos contienen advertencias al respecto. La riqueza es a menudo una distracción de lo que realmente importa, así que necesitan mucha disciplina y enseñanza bíblica para que su corazón no sea absorbido por la atracción maliciosa del dinero. Los ricos están a menudo en un tira y afloja entre su apego a las cosas terrenales (Fil 3.19) y la vida eterna venidera. Los creyentes ricos, por el poder del Espíritu Santo, pueden vencer la tentación y usar la riqueza como una herramienta para el bien, pero lo más probable es que siempre habrá una batalla en el corazón entre dar generosamente y la inclinación natural de guardar, guardar y guardar.

¿Describe la Biblia la riqueza como una marca de la élite espiritual, o advierte de los peligros de tener todas las cosas que tu corazón desea? Observa la advertencia de la Biblia sobre la riqueza y decide:

- No se puede servir a dos señores (Mt 6.24).
- El engaño de las riquezas ahoga la capacidad de dar fruto (Mr 4.19).
- Para los ricos es difícil elegir a Cristo por encima de la riqueza (Lc 18.22-23).
- Los ricos tienen dificultad para entrar en el reino de Dios (Lc 18.25).
- El amor al dinero es la raíz de todo mal (1 Ti 6.10).
- Tu alma es tu activo más importante (Lc 12.20).
- Puedes ganar el mundo entero, pero perder tu alma si no tienes a Cristo (Mr 8.36).

En la Biblia, los pobres y afligidos reciben una atención especial en lo que se refiere al cuidado espiritual, y a menudo pueden adorar con mayor libertad porque están libres de los enredos de las riquezas. Apocalipsis 2.9 ilustra esto perfectamente y nos dice cuáles son las verdaderas riquezas. Jesús llama rica a la iglesia de Esmirna porque, aunque sufre de pobreza y tribulación, se ha aferrado a su fe sin importar el precio. Recibe la sumamente preciada corona de vida por su fidelidad y sufrimiento en la tierra (Ap 2.10). Pablo dijo que por causa de Cristo consideraba todas sus ganancias como pérdida y que todas las cosas son una pérdida en comparación con conocer a Cristo Jesús (Fil 3.7-8). ¡Qué verdad tan poderosa! La riqueza no es señal de un estado espiritual de élite, como sí lo es tener a Cristo.

No te creas las mentiras que venden los predicadores de la prosperidad. Tú y yo nos sorprenderemos un día cuando veamos que el «Salón de la Fe» del cielo no esté lleno de peces gordos y ejecutivos ricos. Más bien, se llenará con los pobres que dieron lo que podían pero nunca tuvieron lo que nosotros tenemos. Ellos habrán defendido su fe, pero pagaron con sus vidas. Ellos habrán sido los sin nombre y sin rostro aquí en la tierra, pero Dios los llamará fieles.

Principio 5: La riqueza es una inmensa responsabilidad. Si eres rico, debes edificar el reino de Dios, no tu imperio terrenal. Jesús dijo que no te preocuparas por tus necesidades, sino que buscaras su reino y su justicia, y que él se encargaría de todo lo demás (Mt 6.31-33). Todos estamos llamados a ser generosos sean cuales sean nuestros recursos. Jesús dijo, cuando una viuda dio dos céntimos, que ella había dado más que los ricos que donaban grandes cantidades (Lc 21.1-4). Él no ve el tamaño de nuestras ofrendas; ve el estado de nuestros corazones. Cuando damos, debemos hacerlo voluntariamente, no bajo coacción (2 Co 8.12; 9.7). La riqueza hay que administrarla, confiando en que Dios nos ha bendecido para que seamos una bendición y que seguirá bendiciéndonos como crea conveniente. Nuestra tarea no es guardar; nuestra tarea es trabajar duro, invertir y dar generosamente (otra vez, ver Mt 25.14-30).

Los predicadores del evangelio de la prosperidad quieren que les des para enriquecerse, pero Dios quiere que ofrendes para los ministerios fieles del evangelio, para ayudarlos en la evangelización. Hay un mundo de personas heridas y desgarradas, y el dinero puede tener un gran impacto en modos que te sobrevivirán de largo. Tú serás responsable de cómo manejaste la riqueza que Dios te ha dado. Se trata de una inmensa responsabilidad. ¿Qué dirás ante el trono de Cristo? ¿Tartamudearás y balbucearás, afirmando que has tratado de dar un poco aquí y allá mientras pasabas la mayor parte de tu tiempo en tus propios placeres y dejabas que los pobres sufrieran y que la iglesia pasara por dificultades? ¿O le dirás con alegría al Maestro: «Señor, a veces sacrificarse en dar para tu obra iba contra la corriente de este mundo, pero agradarte a ti era el tesoro más valioso que tenía»? Si vivimos así, sin duda oiremos: «Bien, buen siervo y fiel; sobre poco has sido fiel, sobre mucho te pondré; entra en el gozo de tu señor» (Mt 25.23).

Hace unos años, tuve el privilegio de cruzar la frontera rumbo a México con un grupo de nuestra iglesia para hacer algunas misiones y construir un hogar para una familia en extrema pobreza. La familia de cinco personas vivía en los barrios bajos de Tijuana. Cuando llegamos al pequeño solar para comenzar el proyecto, me sorprendió la forma en que vivían, aunque se los veía muy felices. Apenas había un baño a la vista, y el que nos ofrecieron no era mucho más que un agujero improvisado en el suelo y un cubo para lavarse. Los niños jugaban fútbol en la tierra rodeados de chozas hechas de hojalata, chatarra y tableros de contrachapado. Estos niños no sabían que acabábamos de llegar desde uno de los condados más ricos de Estados Unidos. No estaban buscando su Xbox, quejándose de que tenían que cargar sus iPads ni diciéndoles a sus madres que sus zapatos estaban pasados de moda. La mayoría de ellos ni siquiera estaban calzados.

A medida que pasaban los días, continuamos encontrándonos con familias y niños que encarnaban lo que significa estar contentos. Cuando terminamos la casa, era poco más que una caja de madera sobre concreto, ¡pero ellos reaccionaron como si les hubiéramos construido el Ritz-Carlton!

La familia nos dio de comer como reyes cada día y, al final del viaje de una semana, el líder de nuestro grupo nos dijo que la familia había gastado un mes de su salario para alimentar a nuestro grupo. Algunos de nuestros miembros empezaron a llorar y a rogarle al anfitrión que nos dejara devolver el dinero que habían gastado en alimentarnos. La familia rechazó cualquier intento de pago. ¿Por qué?

Mientras todos nos reuníamos en el interior de la casa y nos tomábamos de la mano para orar ese último día, la madre de la familia habló en español. Por medio de un traductor nos dijeron que, para ellos, la alegría de dar y ejercer la hospitalidad había superado con creces el sacrificio que eso les supusiera. Durante esa reunión de oración no hubo nadie que no derramase lágrimas. Sin duda, dar con generosidad no es algo solo para los ricos.

Así que, ¡adelante! Trabaja duro, disfruta de la vida y celebra las dádivas que Dios te ha entregado. Vive contento, busca primero su reino, preocúpate por los demás y da generosamente en todas las formas en que él te ha capacitado para dar. En todo tu trabajo, vida, esfuerzo, entrega y atención, recuerda mantener el equilibrio bíblico y tener en mente la eternidad.

Dios no está tratando de quitarte todo lo que tienes, él es quien te lo dio. Él está, más que nada, poniendo a prueba los afectos de tu corazón y ofreciéndote un gozo más allá de este mundo con él en la gloria.

La riqueza no es un pecado; es una responsabilidad. Úsala bien.

11

Cómo alcanzar
a los atrapados
en el engaño

Tu mayor aptitud es tu disponibilidad.

—AUTOR DESCONOCIDO

Al igual que las distintas generaciones de la historia de la iglesia, necesitamos centrarnos en llevar la verdad a los que nunca la han oído. Sin embargo, hoy en día, con el aumento de la apostasía y el aparente abandono de la fidelidad teológica por parte de hombres y mujeres, necesitaremos no solo llegar a quienes nunca han escuchado el evangelio, sino también a quienes creen en un falso Cristo. Sí, muchos quieren tener maestros que alivien su comezón de oír (2 Ti 4.3-4), pero dentro de las multitudes de apóstatas hay ovejas que necesitan ser rescatadas.

Nos enfrentamos a la gran tarea de evangelizar dentro de nuestras filas. En un momento, vemos un rayo de esperanza en alguien a quien tratamos de alcanzar, y luego experimentamos otro momento de dolor cuando alguien a quien amamos es arrastrado por el engaño. Tal vez has arruinado algunas cenas de Acción de Gracias tratando de decirles a los demás cómo son las cosas, o has llevado a cabo cruzadas personales durante la hora del almuerzo en el trabajo. Al final, muchos cristianos que están tratando de alcanzar a los que están atrapados en el engaño se preguntan cómo pueden estar tan ciegos. ¿Cómo es que no ven que lo que creen o se les está enseñando no se ajusta a las Escrituras? Incluso cuando les muestras la Biblia y la comparas con las mentiras que les enseñan, ¡no lo ven! ¿Por qué no cambian ante la luz de la verdad? Las preguntas se arremolinan en nuestra mente mientras nos preguntamos qué hacer y cómo.

Sin duda, eso es con lo que los lectores de Judas habrían estado lidiando en el primer siglo de la iglesia. Apostasía en todas partes, con personas que parecían haber hecho una genuina profesión de fe y que eran arrastradas por doctrinas falsas. Era difícil saber quiénes eran los buenos y a quiénes había que evitar. Además, habrían visto a sus seres queridos como blanco de los engañadores, tal como nosotros hoy.

¿Existe una hoja de ruta para distinguir cuándo caminar pacientemente con alguien, cuándo lanzarse y ser atrevidos, y cuándo poner distancia entre nosotros y el peligro? Sin duda, como cristianos, necesitamos compartir la verdad y tener actitud misionera. El libro de Judas nos muestra cómo.

El breve libro de Judas se escribió para condenar las prácticas de los falsos maestros y animar a los cristianos a mantenerse firmes en la verdad. Judas abre su carta explicando que quería escribir a sus destinatarios sobre su «común salvación» (Jud 3). ¡Judas quería escribir una carta alegre sobre todas las bendiciones y gozos de ser cristiano! Por desgracia, el evangelio estaba siendo atacado, así que Judas cambió de opinión y usó su carta como ocasión para decirle a la iglesia que había llegado el momento de contender por la fe. ¿No es algo con lo que muchos de nosotros podemos identificarnos hoy? ¡Preferimos hablar de cosas buenas, de cosas esperanzadoras! ¿Quién quiere hablar de todo el daño que está causando el evangelio de la prosperidad? Sería mucho más emocionante escribir un libro sobre la esperanza o la curación o sobre cómo Jesús hace que todo vaya bien, pero hay momentos en que debemos enfrentarnos a la dura verdad. Judas tenía una gran carga.

Algunos de los versículos finales de Judas nos dan instrucciones para dirigir nuestros esfuerzos a crecer en la verdad y tratar de ayudar a los apóstatas que están atrapados en el falso Evangelio. Judas escribe:

> Pero vosotros, amados, tened memoria de las palabras que antes fueron dichas por los apóstoles de nuestro Señor Jesucristo; los que os decían: En el postrer tiempo habrá burladores, que andarán según sus malvados deseos. Estos son los que causan divisiones; los sensuales, que no tienen al Espíritu. Pero vosotros, amados, edificándoos sobre vuestra santísima fe, orando en el Espíritu Santo, conservaos en el amor de Dios, esperando la misericordia de nuestro Señor Jesucristo para vida eterna. A algunos que dudan, convencedlos. A otros salvad, arrebatándolos del fuego; y de otros tened misericordia con temor, aborreciendo aun la ropa contaminada por su carne.
>
> **—JUDAS 17-23**

Tres categorías a tener en cuenta

Judas 22-23 nos presenta tres categorías de personas que están atrapadas en el engaño, junto con instrucciones sobre cómo interactuar con ellas. Veámoslas más de cerca.

LOS QUE DUDAN

Judas 22 dice: «Y tened misericordia de algunos que dudan» (LBLA). Los que dudan son el grupo que puede desafiar tu paciencia, porque solo quieres que se despierten y vean la pura verdad. La duda (*diakrino*) da la imagen de alguien que se tambalea en la línea, luego parte hacia un lado, pero indeciso; luego está en el medio, pero vacilando sobre si cruzar o no. ¡Imagínate a esas personas que pueden hacerte perder los nervios porque tú lo que quieres es que tomen una decisión! Se trata de individuos confusos que son vulnerables y que han sido manipulados por astutos falsos maestros. Déjales la puerta abierta. Entra en sus vidas. Quítate los zapatos, quédate un rato y establece relaciones con ellos con el propósito de llegar a ellos. No se les lanza una Biblia de estudio diciendo: «Investiga y ya hablaremos». Les compras una Biblia de estudio y te comprometes a tomar café con ellos todas las veces que haga falta. Confiésale al Señor toda dureza de corazón que puedas tener, recuerda su misericordia hacia ti, aprende a tener paciencia, haz preguntas y no los dejes. Dios te tiene en sus vidas por alguna razón.

LOS ENGAÑADOS

Judas 23 dice: «A otros, salvad, arrebatándolos del fuego». Los engañados están convencidos de que tienen la verdad. Con ellos debemos estar en modo operativo de rescate, enfrentándonos con valentía a sus errores y llamándolos al arrepentimiento. Como un helicóptero de la Guardia Costera que vuela hacia una tormenta en alta mar, vamos en busca de los que se están ahogando en el mar de la apostasía para poder lanzarles una cuerda y subirlos. ¿Y si rechazan la cuerda? Nunca dejamos de orar, nunca dejamos de intentarlo y nunca dejamos de esperar que sean despertados al peligro en que se encuentran.

Sin duda, Judas entiende la soberanía de Dios al salvar a sus hijos y al mantener a sus hijos salvos, pero es igualmente consciente de los instrumentos a través de los cuales Dios salva con mayor frecuencia: el testimonio fiel de su pueblo (Hch 1.8; Ro 10.17). Arrebatar (*harpazo*) es la misma palabra que se usa en Juan 10.12 para referirse al lobo que arrebata las ovejas al pastor asalariado, y en Juan 10.28 para decir que nadie puede arrebatarle a Jesús las ovejas de su mano. Judas tiene en mente un estado de preparación para rescatar personas.

Observa que no hay cláusula de exclusión voluntaria, ni enmiendas por razón de la doctrina de la elección. Tampoco te puedes rendir porque te hayan rechazado. Un verdadero cristiano busca con paciencia, pero sin descanso, oportunidades para arrebatar tizones del fuego.

LOS PELIGROSOS

Por último, Judas 23 dice: «... y de otros tened misericordia con temor, aborreciendo aun la ropa contaminada por su carne». Los peligrosos son aquellos cuyas vestiduras han sido manchadas con el engaño satánico. Son los que enarbolan la bandera de la falsa doctrina con orgullo, convenciendo a la gente con sus buenas palabras y su adulación (Ro 16.18). Se infiltran en los niveles más altos de la iglesia y menoscaban a Cristo en los púlpitos con su codicia y su enseñanza herética (2 P 2.1-3). Son audaces partidarios de la apostasía, enemigos de la verdad, y se oponen a Cristo. Con estas personas estamos llamados a ser misericordiosos también, sensibles al hecho de que sus almas necesitan la salvación. Sin embargo, mostramos misericordia al orar por su salvación, esperando y creyendo que cualquiera puede cambiar, sin dejar de mantener un compromiso inquebrantable con nuestra moralidad. Ser misericordioso no significa mirar hacia otro lado o ser partícipe de sus creencias peligrosas.

Un comentarista escribe: «La misericordia tiene en cuenta las diferencias morales. No trata el mal como algo sin importancia. Los cristianos tienen misericordia con temor, odian hasta la ropa contaminada por su carne».[1] Lo que esto significa es que somos muy conscientes de hacia dónde se dirigen, nos estremecemos de angustia por su profanación del evangelio y los llamamos al arrepentimiento, pero desde una distancia segura.

A veces jugamos al ataque. A veces jugamos a la defensiva. Pero debemos estar conscientes de que en los últimos tiempos resurgirá la apostasía (Jud 17-19; 2 Ti 3.1-5). Necesitamos permanecer arraigados en nuestra fe, esperando el regreso de Cristo (Jud 20-21), y debemos trabajar sin descanso para rescatar a los engañados. En todo momento, debemos confiar en el poder de Dios para salvar a los suyos (Ro 1.16).

Diez pasos para recordar

En este último capítulo, quiero dejarte un esquema para ayudar a la gente que está atrapada en sistemas de creencias peligrosos.

---

1. George Arthur Buttrick, *The Interpreter's Bible*, vol. 12 (Nashville: Abingdon, 1957), p. 341.

También deseo compartir algunos de los altibajos que he experimentado al tratar de llegar a los miembros de la familia y amigos, para animarte a que sepas que no estás solo en tu aventura de razonar con los engañados.

Algunos de estos puntos te sacudirán un poco; otros no serán tan sorprendentes. La realidad es que Dios va a usarte para comunicar la verdad a alguien que la necesita desesperadamente. Espero que esta sencilla hoja de ruta te ayude. Incluso puede suscitar tus propios pensamientos, así que siéntete libre de añadirle algo, personalizarla, ponerla en la puerta de tu refrigerador, en tu Biblia o en tu diario. Nunca se sabe cuándo Dios te encomendará algo; pensándolo bien, siempre estamos en misión, ¿no es así?

Recuerdo cuando empecé a tener conversaciones más sensatas de corazón a corazón con familiares predicadores de la prosperidad. Hemos tenido más conversaciones de las que puedo contar en los últimos siete años, pero han evolucionado en algunos aspectos. Pensando en cuando abrí los ojos a la verdad, estoy seguro de que fracasé miserablemente a la hora de expresar la verdad con amor. Algunas de esas conversaciones iniciales fueron súplicas mansas en las que les rogué que vieran la diferencia entre la vida que vivíamos y lo que la Biblia decía. Pero algunas fueron debates bíblicos que se volvieron demasiado acalorados. La mayor parte fue en vano, ya que parecía que no había esperanza de convencerlos.

En vez de ser paciente con su ceguera o mostrar empatía hacia su indiferencia a la verdad que yo compartía, presionaba cada vez más hasta que la conversación se convertía en una discusión. Me tildaban de condenatorio, yo los llamaba ciegos o los acusaba de ser lobos con piel de cordero, y dábamos vueltas y más vueltas. Esto ocurrió durante ese primer año de separación familiar hasta

que finalmente la mayoría de mi familia y yo redujimos conve-
nientemente nuestras conversaciones durante un año. Mi padre y
yo apenas hablamos durante más tiempo. Mi madre actuaba como
intermediaria, enviando ocasionalmente un mensaje de texto para
decirme que mi padre me amaba. A veces yo también se lo decía.
Otras veces escribía con frialdad: «El amor se ve en los hechos y
en la verdad. Esas palabras no tienen sentido para mí». A menudo,
no le respondía con un corazón tierno. Fue una de las épocas más
difíciles de mi vida porque el evangelio había dividido a nuestra
familia y no había ningún modelo con el que encontrar cómo
arreglarlo. Me esforcé al máximo en confiar en el Señor y afe-
rrarme a su Palabra mientras aprendía a interactuar con aquellos
con los que estaba en tan vehemente desacuerdo.

Después de todas las rogativas privadas y los intensos enfren-
tamientos con la familia Hinn, hubo momentos en que pensé
que se había perdido toda esperanza. De repente, las palabras de
Jesús en Mateo 10.34-38 tuvieron más significado que nunca.
Explicando que las familias se dividirían por él, Jesús dijo:

> No penséis que he venido para traer paz a la tierra; no he
> venido para traer paz, sino espada. Porque he venido para
> poner en disensión al hombre contra su padre, a la hija contra
> su madre, y a la nuera contra su suegra; y los enemigos del
> hombre serán los de su casa.
>
> El que ama a padre o madre más que a mí, no es digno de
> mí; el que ama a hijo o hija más que a mí, no es digno de mí; y
> el que no toma su cruz y sigue en pos de mí, no es digno de mí.

En este pasaje de las Escrituras está la verdad. Jesús es la
línea divisoria. Lo que hagas con él y el evangelio que él predicó

determinará tu eternidad y la de aquellos a quienes tanto amas. Jesús llegó a ser la línea divisoria en nuestra familia. Algunos han escogido predicar y seguir al verdadero Jesús sin importar el precio, y otros han escogido predicar y seguir a un falso Jesús para enriquecerse. Mi deber es seguir tratando de alcanzarlos comunicándoles la verdad con amor. Con el tiempo, algunos aspectos de las relaciones familiares han pasado de debates acalorados que no reflejan a Cristo a discusiones constructivas. Nuestras conversaciones son más ricas y cordiales (incluso cuando no estamos de acuerdo) porque ha habido momentos de honestidad en los que algunos miembros de la familia han admitido haber hecho algo malo. No es en la admisión de los pecados en lo que me regocijo (aunque eso ayuda), sino más bien en las líneas de comunicación que se abren cuando dejamos de vivir en la negación del pasado. Algunas cosas no se pueden cambiar. Pero el futuro es esperanzador si entregamos nuestros corazones a Cristo.

¿Cuándo saldrán todos los miembros de mi familia de su predicación de la prosperidad y de sus falsas enseñanzas? ¿Lo harán alguna vez? No lo sé. Pero he aprendido a centrarme en lo que puedo controlar, y he aprendido que una posición en defensa de la verdad no tiene por qué estar llena de odio y virulencia. Mostrar gracia y paciencia hacia los demás no es aprobar su comportamiento, pero sin duda implica controlar el propio. Todos tenemos que hacernos esta importante pregunta cuando tratamos de llegar a los demás: ¿estoy tratando de ganarme a la persona o solo estoy tratando de ganar la discusión? Tu respuesta revelará lo que hay en tu corazón. Dios se ocupa del momento. Nosotros nos ocupamos de amar lo suficiente a las personas para compartir la verdad.

Como prometí, aquí tienes una lista de las diez cosas que te recomiendo que hagas si estás tratando de guiar a las personas a la verdad. No escribo esta lista como un autoproclamado experto, sino como alguien que ha aprendido tanto a través del éxito como del fracaso. A veces se producen avances cuando comparto la verdad; a veces hay resultados devastadores. Cuando quiero tirar la toalla, siempre vuelvo a la Biblia para motivarme (1 Co 13; Jud 22-23). Sobre todo, sé que Jesús puede derretir todo corazón de piedra.

Ten en cuenta que puede haber momentos en que estos pasos funcionen bien en orden cronológico, mientras que otras veces te encontrarás repitiendo los mismos pasos una y otra vez. Si es así, verás por qué el décimo paso es tan importante.

1. ORA POR ELLOS

Charles Spurgeon dijo con razón: «La oración es el destructor de la duda, el remedio de la ruina, el antídoto para todas las ansiedades». Cuando hablamos de alcanzar a amigos y familiares, ¡solo podemos empezar con la oración! Donde hay oración, el odio no sobrevivirá. Cuando inclinamos nuestra voluntad ante la de Dios y le pedimos que obre en los corazones de aquellos a los que estamos tratando de alcanzar, es inevitable que nuestros corazones se ablanden y cambien primero. Puesto que la salvación y la transformación son obras soberanas del poder de Dios, tenemos que orar por su poder para ver que sucedan esas cosas. Su voluntad es que las personas sean salvas (1 Ti 2.4), así que ora por ello y confía en él para los resultados.

También debemos orar por una fe mayor. Se producirán más y más conversaciones en las que se burlarán de ti, o tal vez debatas con amor las diferencias solo para, aparentemente, no hacer ningún progreso. No pierdas el ánimo ni la paciencia. Ora por fe.

Por último, al orar para que otros dejen de pecar, no olvides mirarte en el espejo y orar para que Dios te limpie también de tu pecado (1 Jn 1.9).

2. ESTUDIA LA VERDAD

No se necesita un diploma en combate contra la falsa enseñanza para llegar a las personas; lo que necesitas es estar bien versado en la verdad. La sabiduría de este mundo y las filosofías humanas no tienen poder para salvar y transformar vidas, pero el evangelio es «poder de Dios» para salvar a las personas (Ro 1.16). Usa eso en tu beneficio y presenta el evangelio a los demás tan a menudo como sea posible. No puedo decir cuántas veces he fallado en esto y he terminado perplejo por los malos resultados. Mirando atrás, te diré exactamente lo que salió mal. Estaba confiando en el poder de mi intelecto y en el poder de mi emoción (o frustración) para ganar una batalla que solo el evangelio puede ganar.

Lo cual nos lleva a un punto inculpatorio: necesitamos conocer el evangelio para compartirlo. Puede parecer sorprendente, pero muchos cristianos no saben cómo comunicar el evangelio de manera efectiva en una conversación. Claro, todos podemos recitar la declaración de la escuela dominical de que Jesús murió en la cruz por nuestros pecados, pero ¿conocemos el evangelio lo suficientemente bien como para detectar una falsificación? Cuando alguien dice que Jesús murió para curarte y bendecirte en la tierra, ¿sabes por qué esa afirmación puede ser peligrosa? Si alguien dice que dar dinero a su ministerio te reportará cien veces más y curará el cáncer de tu hija, ¿puedes explicar por qué es una falsa promesa a la luz del evangelio? Especializarte en la verdad y estudiar la sana doctrina te dará seguridad como cristiano y como testigo que intenta llegar a otros.

Una cosa más que quiero mencionar: evita los chismes suculentos y las controversias evangélicas de última moda. Esto no significa que debamos evitar abordar temas críticos, pero, como evangélicos, a veces podemos atascarnos en el barro de nuestro propio drama y distraernos de nuestra misión aquí en la tierra.

3. ENFRENTA LOS PROBLEMAS DE TU CORAZÓN

Si alguna vez te has preguntado por qué la gente se desquicia y se enoja tanto durante las discusiones sobre teología, por lo general tiene sus raíces en problemas del corazón que no se han resuelto. No podemos llegar a otros si no nos miramos primero en el espejo para examinar cómo manejamos el proceso. En estos días escasean las aptitudes para la resolución de conflictos. Muchas personas, y no excluimos a los cristianos, no tienen la disposición adecuada para un diálogo saludable y sólido, sin tomárselo todo como algo personal. Muchos tienen tendencias vengativas porque nunca han tratado con el dolor, la ira o el miedo de maneras bíblicamente saludables. Lo digo con amor. Si tienes problemas para estar de acuerdo con esta lista, es probable que tengas un problema de corazón en este aspecto. Con eso quiero decir que tu orgullo te impide ver tu punto ciego en lo que se refiere a amar a los demás, controlar tus emociones y gestionar el desacuerdo de una manera que honre a Dios. ¡Sé de lo que hablo! Yo he estado allí, y la lucha es real. Fracasé muchas veces y dije muchas cosas con motivación puramente emocional hacia mi familia inmersa en la falsa enseñanza. Eso no nos llevó más que a una guerra verbal.

Antes de que yo dijera nada en público (como en un blog, libro o video) sobre el evangelio de la prosperidad, se establecieron ciertos mecanismos para ayudarme a mí mismo. Mi pastor me pidió que le rindiera cuentas presentándole informes sobre mi vida de oración por un tiempo, saturé mi vida con las Escrituras y acudí a consejeros de varios tipos durante tres años. El asesoramiento y la tutoría personal no eran negociables. Algunas personas pueden burlarse de la consejería o la terapia, pero estoy muy agradecido por las personas que el Señor usó para brindarme una sabiduría de la que nunca había oído. Todos mis consejeros, que eran pastores, pastores retirados o líderes cristianos con largos currículos de mentoría fiel, me enseñaron cosas similares acerca de la importancia de decir la cruda verdad en amor pero manteniendo una actitud sana.

Pasa algún tiempo aplicando terapia a tus emociones, resistiendo el impulso de explotar durante la «fase de la jaula», y pregúntate: «¿Soy un contencioso que solo quiere sangre? ¿O realmente siento compasión por esta persona?».

4. PROCURA REUNIRTE EN PRIVADO

Tal vez tú sí, pero yo nunca he ganado a nadie para la verdad ni he visto a Dios abrir los ojos de una persona espiritualmente ciega explotando contra ellos vía Twitter o Facebook. Además, menospreciar las creencias de otros en un ambiente de grupo solo engendrará conflicto e inseguridad y probablemente conducirá a una guerra de palabras. Por último, ¿quién no ha visto la inutilidad de debatir por mensajes de texto? Repito, he intentado esa vía y he fracasado miserablemente. Trata de escribir una carta sincera con una invitación a reunirse en privado, o haz una llamada telefónica e invita a la persona a comer y ponerse al día.

Buscar una reunión privada debe verse como una estrategia de construcción de puentes, no como un monólogo en que das tu opinión y luego le cedes la palabra sin prestarle atención.

Puedes incluso plantearte —prepárate para sorprenderte ante mi sabiduría— entablar una amistad o relación con alguien con quien no estás de acuerdo. Soy profundo, ¿verdad que sí? Seguro que captaste mi sarcasmo. No quiero ser duro, pero, en serio, tenemos que mejorar en la construcción de puentes relacionales con los demás si queremos llegar a sus corazones. Conozco a personas que hacen lo que yo llamo evangelismo desde un auto en marcha. En sus conversaciones, disparan su munición a la gente y siguen su camino, sin detenerse a pasar tiempo en una conversación a dos bandas con la víctima de sus disparos.

Este es un cliché que ha resistido la prueba del tiempo: «A las personas no les importa lo que sabes hasta que se dan cuenta de lo mucho que te importan». Es mejor centrarse en amar a alguien relacionándose con él de una manera personal que entablando una discusión. Sin una interacción personal y significativa, no llegaremos a las personas que están atrapadas en el engaño. Recuerda, ¡las relaciones son cosa de personas!

5. HAZ PREGUNTAS

Mi amigo Wyatt manifestó hace poco su frustración por no poder comunicarse con una amiga que estaba atrapada en un asunto engañoso y grave. Toma el evangelio de la prosperidad y multiplícalo por diez; en algo así estaba su amiga. Tuvimos una tormenta de ideas sobre su estrategia. Hasta ese momento, le costaba mucho contener sus reacciones a los puntos de vista de ella. Estaba creando una gran tensión en la amistad, así que, después de algunas discusiones, acordamos que era mejor que intentara formular preguntas con sinceridad para mostrar más comprensión que antes.

¿Los resultados? Impresionantes. En una semana, se me acercó en la iglesia exclamando: «¡Amigo! (Estamos en California) ¡Funcionó a la perfección! Hice preguntas, escuché sus respuestas y traté de entender su punto de vista antes de compartir mis pensamientos de una forma equitativa. Fue la mejor conversación que hemos tenido, y ella no se sentía como si la estuviera atacando».

El enfoque de Wyatt cambió en cuanto empezó a usar una pequeña estrategia llamada AAE, es decir, «ayúdame a entender». Tienes que admitir que funciona mejor que preguntas como: «¿Por qué crees en esa ridiculez?». Cuando hacemos preguntas sinceras en un esfuerzo por entender a la persona, demostramos que nos importa. Esto nos permite tener una discusión más fructífera y preservar la relación para futuras conversaciones. Si estás tratando de comunicarte con alguien, necesita saberse comprendido por ti. Comprender no significa que estés de acuerdo con él ni que apruebes conductas a las que te opones. Es simplemente una marca de tu madurez y autocontrol cuando puedes manejar tus emociones lo suficiente como para entender a alguien con quien discrepas.

6. DI LA VERDAD EN AMOR

Pablo dice que necesitamos hablar «la verdad en amor» (Ef 4.15). Esta es una de las cosas más difíciles de hacer. ¡Es fácil ser desagradable con personas con las que no estamos de acuerdo! Amar a aquellos con los que no estamos de acuerdo es un duro ejercicio de humildad. Hablar la verdad en amor significa ser veraz, preciso, justo, paciente, amable, humilde y consistente. Tenemos que recordar que, si jugamos al ataque, los demás jugarán a la defensiva. Hablar la verdad en amor va a implicar una conversación ya difícil de por sí; ¿por qué complicarlo más siendo áspero? En una conversación en amor no debe haber inflexibilidad. Eso no significa que tengas que sacrificar la verdad. Si hay discrepancias (lo cual es más que probable), ten en mente el paso 7.

7. NO PERSONALICES LA DISCREPANCIA

Pastores más viejos y sabios me han dicho una y otra vez: «No personalices la discrepancia». Es un consejo sabio que resulta acertado sea cual sea el tipo de conflicto al que te enfrentes. Recuerda, aunque a todos nos corresponde cumplir la Gran Comisión y compartir la verdad, no somos los dueños de esa verdad. Es la verdad de Dios: nosotros somos meros embajadores que transmiten su mensaje.

Si alguien se burla de tus palabras de amor y verdad, no te lo tomes como algo personal; se están burlando de Dios. Cuando nos molestamos y reaccionamos como si el otro nos rechazara, estamos operando con un poco de complejo de dioses. No somos Dios, así que no tenemos que actuar como si la gente nos faltara al respeto cuando le da la espalda a la verdad. Así como somos administradores de nuestros hijos (y no somos su Dios) y educamos sus corazones para que obedezcan a Dios, confíen en Dios y miren a Dios, también somos administradores de las otras relaciones de nuestra vida, y debemos considerar esas relaciones como oportunidades para reflejar el corazón de Dios a la gente. En el día del juicio, las personas no van a responder ante ti y ante mí. Se enfrentarán al Señor. Tenemos que tener eso en cuenta y no personalizar la discrepancia.

8. DEJA LA PUERTA ABIERTA

Respira hondo un momento y apechuguemos juntos con las consecuencias. Todos hemos cometido el fatídico error de dar el ultimátum: «¡Si no cambias, te echo de mi vida!». Me declaro culpable. La lección que aprendemos de este tipo de comentarios es que cerrar la puerta a la gente y quemar puentes solo vale para una corta lista de razones. El abuso es sin duda una de las buenas. La violencia también lo es. Pero por estar en desacuerdo en un tema teológico ¿es necesario llegar a tal extremo?

Propongo que vayamos más despacio y hagamos algunas preguntas importantes. Primero, ¿esta persona es un falso maestro peligroso a quien hay que refutar y mantener a distancia, o es solo la tía Matilda tratando de convencernos para que creamos en el hablar en lenguas? La Biblia nos da la razón para excluir a los que son peligrosos y engañosos, pero no todos encajan en esa categoría.

Segundo, ¿se trata de una discrepancia tan conflictiva que haga imposible la relación, o se trata de nuestro orgullo que intenta convertir cada cena de Acción de Gracias en un debate teológico? A veces, las personas de nuestro entorno solo quieren tener una conversación normal y ser tratadas como personas, no como oponentes a los que golpear. Dejar la puerta abierta para un diálogo sensato no significa que estemos de acuerdo con sus creencias ni que las pasemos por alto.

Por último, responde a esta serie de preguntas: si fueras tú el receptor de tus propias palabras, ¿cómo responderías? ¿El castigo que estás infligiendo es proporcional al delito? ¿Es posible que estés perdiendo de vista el propósito de la evangelización y el gozo de alcanzar a los seres queridos porque les das un portazo en la cara? Si queremos ser los primeros a los que otros llaman cuando tocan fondo o tienen una pregunta sincera sobre la verdad, tenemos que dejar la puerta abierta, mantener la cordialidad en la conversación y estar listos para preparar una cafetera.

9. APORTA RECURSOS

Cuando, no «si», estés siguiendo los pasos 1 a 8 y alguien se te acerque con el corazón y la mente cambiados, será mejor que estés preparado. ¡Aquí es cuando la cosa se pone interesante! ¿Recuerdas cuando llegaste a saber la verdad sobre algo y te quedaste hasta las dos de la madrugada investigando en YouTube, encargando libros y mirando al techo tratando de darle sentido a todo? Yo sí. Eso es exactamente por lo que tus amigos y familiares pasarán cuando los toques con la verdad. Van a necesitar unos pasos claros a seguir.

Confecciona una lista de iglesias en las que confías, doctrinas que te ayudaron a crecer, libros que cambiaron tu vida y pastores de confianza. En la actualidad escasean los maestros bíblicos sólidos sin escándalos morales ni creencias comprometidas, pero existen. Muchas personas que salen de entornos de engaño están buscando desesperadamente a alguien en quien confiar. Ayúdalas. Es de vital importancia hacer algo más que dar palmaditas en la espalda y decir: «Me alegro de que ya estés fuera. ¡Buena suerte!». Tenemos que invitarlas a nuestro grupo pequeño de discipulado, reunirnos con ellas por una temporada si es posible y hacerles saber las horas en que estamos disponibles.

Por último, he conocido a un gran número de personas que han necesitado (y se han beneficiado de) consejería después de pasar años atrapados en iglesias evangélicas de la prosperidad, abusivas y engañosas. Si tu consejo no es suficiente, envíalas a consejeros bíblicos titulados.

10. NO TE RINDAS

Por muy oscuro que te parezca el panorama o por muy perdidas que estén las personas, los creyentes nunca debemos darnos por vencidos. Sí, Dios es soberano en cuanto a la salvación, y él es quien despierta a su amor el corazón del pecador sin vida, pero eso no anula nuestro papel como embajadores que cumplen con la Gran Comisión (2 Co 5.21; Mt 28.16-20). El amor nunca se rinde, punto. Una de las declaraciones más impactantes sobre el amor está en 1 Corintios 13.4-7: «El amor es sufrido, es benigno; el amor no tiene envidia, el amor no es jactancioso, no se envanece; no hace nada indebido, no busca lo suyo, no se irrita, no guarda rencor; no se goza de la injusticia, mas se goza de la verdad. Todo lo sufre, todo lo cree, todo lo espera, todo lo soporta».

Amar a la gente y no darse por vencido implica defender con valentía la verdad y no gozarse en la injusticia, pero está equilibrado con soportar, creer, esperar y ser paciente en todas las cosas. ¡Qué perspectiva tan desafiante y transformadora!

¿No te sientes más humilde al imaginar la paciencia y la gracia que Dios ha mostrado hacia nosotros? ¿Cómo podemos hacer otra cosa sino responder con paciencia y gracia hacia los demás? Pedro describe la paciencia de Dios con nosotros cuando escribe: «El Señor no retarda su promesa, según algunos la tienen por tardanza, sino que es paciente para con nosotros, no queriendo que ninguno perezca, sino que todos procedan al arrepentimiento» (2 P 3.9). Esa preocupación por el alma humana debe manifestarse en la forma en que llegamos a los demás, esperando y orando para que nuestros amigos o seres queridos tengan un momento como el del ladrón en la cruz. Nunca es demasiado tarde para que alguien se arrepienta de sus pecados y se convierta a Jesucristo como Señor y Salvador. El orgullo te dirá que te rindas, pero tienes que decirle al orgullo que se vaya. Nunca nos rendimos con respecto a las almas perdidas y engañadas.

¿Y ahora qué?

Al llegar a su fin este último capítulo, quiero hacerte una pregunta sincera: ¿qué vas a hacer con lo que has aprendido? Tal vez Dios te ha dado alguna influencia en este mundo y has estado esperando el momento adecuado para usarla. Tal vez has estado siguiendo ciegamente a los predicadores de la prosperidad y este libro te ha ayudado a ver esas promesas vacías como lo que realmente son. O tal vez seas un creyente que disfruta de la seguridad de una iglesia firme dirigida por pastores dignos de confianza. Tal vez sea el momento de dejar tu zona de confort y salir en fe a buscar a los perdidos, confiando en que Dios te usará en su plan soberano.

¿A quién alcanzarás con el evangelio salvador de Jesús?

> A algunos que dudan, convencedlos. A otros salvad, arrebatándolos del fuego; y de otros tened misericordia con temor, aborreciendo aun la ropa contaminada por su carne.
>
> —JUDAS 22-23

APÉNDICE 1

Preguntas frecuentes

Como ocurre con todas las historias y todos los libros, no es necesario dar ciertos detalles. He tratado de ofrecerte todo lo que puedo para ayudarte a entender lo que el poder del verdadero evangelio puede hacer. Dicho esto, estas son las preguntas que la mayoría hace después de que comparto mi historia con ellos. Confío en que esto te ayude.

¿Cómo van las cosas con tu familia ahora?

Una mezcla de victorias y retos. Algunos miembros de la familia han estado caminando en la verdad, mientras que otros siguen convencidos de que sus posiciones y comportamientos teológicos están justificados por su unción especial. De vez en cuando recibo llamadas telefónicas de miembros de la familia que están inspirados y animados por la verdad, y a veces recibo advertencias para detener lo que estoy haciendo, por temor al juicio divino. En general, ha habido conversaciones honestas que parecen progresar, y reveses cuando ciertos comportamientos y abusos se repiten. Hay cosas que aún no están completamente claras y que me mantienen en humilde confianza en el Señor. Oramos por mi familia a menudo.

Después de ver todas las curaciones falsas y el engaño en el ministerio de tu tío, ¿todavía crees que Dios sana a las personas y que puede hacer milagros?

Desde luego que sí. Lo repito una y otra vez, pero sigue siendo una de las preguntas que más me hacen. Creo sin lugar a duda que Dios es un Dios sanador y que puede curar a cualquiera en cualquier momento. También creo que hoy en día todavía hace milagros. Dicho esto, no creo que haya nadie haciendo milagros (o creando «atmósferas» para milagros reales como dice mi tío) hoy en día exactamente como lo hizo Jesús. Nadie tiene el poder de curar a la gente cuando quiere. Aunque hay muchos que han copiado las tácticas de los evangelistas de sanidad, en su mayoría son solo caras nuevas jugando un juego viejo. Si tuvieran el poder de curar a las personas, estarían saliendo en los titulares porque vaciarían los hospitales con sus poderes de sanación. Cuando una persona está enferma, creo que debemos orar por su curación y soportar las pruebas con fe. No importa el resultado, debemos orar al Padre como Jesús lo hizo en Lucas 22.42, cuando dijo: «pero no se haga mi voluntad, sino la tuya».

¿Por qué te contrataron como pastor de jóvenes cuando la iglesia sabía que venías de un ambiente del evangelio de la prosperidad?

Esta es la pregunta que me hacen después de las preguntas sobre las relaciones familiares. En pocas palabras, nuestra iglesia se llamaba Moment Church en aquel entonces, y era una de esas iglesias de moda construidas sobre el modelo orientado a los buscadores. Traíamos a grandes nombres para atraer a las multitudes, hacer un buen espectáculo, tocar para despertar las emociones de la gente y, de paso, compartir el evangelio. No éramos en absoluto una iglesia «peligrosa», pero nuestra orientación estaba equivocada. Durante un período de seis meses, Dios nos transformó a muchos de nosotros. Pasamos de ser leales a las viejas creencias y métodos a ser leales a las Escrituras. Dios hizo cosas increíbles en los corazones del pastor de enseñanza y del equipo. Recibimos alguna ayuda de maestros fieles de la Biblia, leímos algunos libros sobre modelos bíblicos de iglesia y nos concentramos en ser una iglesia bíblica. ¿El resultado? Con el tiempo, se cambió el nombre a Mission Bible Church, salieron muchas personas que no estaban de acuerdo con la nueva visión y después se produjo un crecimiento acelerado tanto espiritual como numéricamente, y el más importante fue el crecimiento espiritual. Ahí es donde estamos hoy. Gracias a Dios, el Señor usó la senda que abrió para sacarme e hizo madurar a nuestra iglesia también después de esos primeros años. Siempre decimos: «¡Todo es por gracia!».

¿Por qué crees que era necesario escribir un libro? ¿No debería mantenerse todo esto en privado, dado que es un asunto personal?

Es una buena pregunta, que muchos pastores podrían responder de diferentes maneras. Mi opinión al respecto es tanto metodológica como teológica. Desde un punto de vista metodológico, decidí compartir mi testimonio porque Dios usa los testimonios para difundir el evangelio, inspirar a otros y ser glorificado. En el Nuevo Testamento, vemos muchos testimonios que sirven como ilustraciones de lo que Dios puede hacer. La Biblia está llena de testimonios e historias de personas, desde Rut hasta Zaqueo (Lc 19.1-10) y el apóstol Pablo (Hch 9.1-19), que fueron transformadas por la verdad y se volvieron hacia la adoración del único y verdadero Dios.

Aunque no al mismo nivel que la Biblia, los testimonios modernos son como trofeos del poder de Dios. Hacen que las personas miren al Señor como la solución al problema del pecado del hombre. Decidí compartir mi testimonio en un libro porque me encanta escribir.

Desde el punto de vista de la teología, basándose en el criterio bíblico de arrepentimiento y en el criterio bíblico para el ministerio pastoral, nadie que se precie de ser pastor tiene la opción de guardar silencio. No solo somos llamados a mostrar los frutos del arrepentimiento al ser limpiados (Mt 3.8), sino que como pastores debemos predicar y enseñar lo que es verdadero y refutar lo que es falso (2 Ti 4.1-5).

Además, no me propuse escribir un libro, simplemente sucedió con el tiempo. A lo largo de los años se dijeron muchas cosas en privado, luego algunas personas hicieron preguntas en nuestra iglesia y en nuestra comunidad cristiana, después empecé a escribir un blog sobre los temas relacionados con el asunto para proteger a la gente de mi iglesia y ayudar a personas como yo, luego se compartió el testimonio, y entonces una editorial me preguntó si escribiría un libro que pudiera demostrar el poder de Dios en la salvación de las personas y en dirigirlas a la verdad. Acepté la oportunidad y el plan de usar cada gramo de energía, publicidad y notoriedad en este asunto para dar a conocer a Jesús y predicar el verdadero evangelio. Eso es lo que todo cristiano, sea cual sea su apellido, está llamado a hacer.

¿Qué importa si un predicador de la prosperidad conduce un auto de lujo o vive en una mansión? ¿Qué hay de todo el trabajo humanitario que hacen por los huérfanos y el dinero que dan a los pobres?

En el mejor de los casos, es una mera virtud cívica. Hay mucha gente deshonesta que hace cosas buenas. Eso no anula sus infamias (a menos que se arrepientan). Los ministerios del evangelio de la prosperidad recaudan decenas (en muchos casos cientos) de millones de dólares al año. La filantropía es una estrategia habitual de las relaciones públicas, al mismo tiempo que se embolsan grandes sumas de dinero. Muchas empresas e individuos lo hacen, pero los predicadores de la prosperidad construyen su riqueza sobre la base del engaño. Es como robar diez dólares de la alcancía de un niño indefenso sin que se entere y luego darle un dólar como si fuera un regalo generoso. Este es el proceso, en unos sencillos pasos:

1. Asignas un porcentaje de los ingresos del ministerio para patrocinar a los huérfanos, construir un orfanato o apoyar a los marginados y desposeídos de nuestra sociedad.

2. Vives un estilo de vida lujoso con el resto de las ofrendas de tus donantes, comprando autos de lujo, casas multimillonarias, aviones privados, joyas exóticas, etc.

3. Cuando la iglesia o el público en general cuestionan tu amor al dinero, tu estilo de vida lujoso o tu comportamiento extravagante como pastor, les señalas el paso 1.

4. Repites.

No creo que sea prudente sopesar la integridad de las personas por la cantidad de trabajo humanitario que realizan. Todos podemos pensar en numerosos ejemplos de personas que abusaban de su poder para explotar a otros y enriquecerse mientras estrechaban manos y besaban a los bebés ante las cámaras. Es mejor mirar las enseñanzas de alguien a la luz de lo que dice la Biblia. Esa es la vara de medir con la que todos debemos compararnos.

¿Qué le dices a quienes piensan que estás comerciando con el nombre de tu familia para hacerte rico y famoso?

Primero, Proverbios 22.1 dice: «El buen nombre es más deseado que la gran riqueza». Cuando piensas en comerciar con el nombre de la familia, no hay mucho con lo que comerciar. Mi tío ha explotado sistemáticamente a los países azotados por la pobreza durante cuarenta años para enriquecerse, y ahora otros miembros de la familia están siguiendo sus pasos. Permítanme ser dolorosamente honesto por un momento: para la mayoría de los miembros de nuestra familia, puede resultar bastante bochornoso ser un Hinn. Muchos de nosotros preferiríamos ser personas anónimas, trabajadoras y honestas que acaben su vida en el anonimato, pero habiendo amado al prójimo y servido a Dios.

Segundo, no soy famoso y no quiero ser rico. No soy nada más que una persona que fue transformada por el poder del verdadero evangelio. Debido a mi apellido, mi historia como pastor se convirtió en algo interesante para la gente y creó una esfera de influencia, pero yo soy solo un embajador más de Cristo que lleva su mensaje a aquellos a quienes puedo alcanzar. Ya sea que mi esfera de influencia sea de dos personas o de dos millones, voy a hacer lo que los creyentes hacían en la Biblia:

dar testimonio de lo que Dios ha hecho. Al «tratar de hacerse famoso» uno pierde de vista la proclamación del evangelio. La fama es fugaz y el dinero crea una falsa sensación de seguridad. Ya viví esa vida. Es un castillo de naipes.

Como todo cristiano, quiero vivir para la gloria de Dios y usar mis dones, talentos, recursos y testimonio para guiar a otros hacia él. Hay un reino que quiero ver construido, un rey al que quiero servir y un nombre que quiero dar a conocer. Mi motivación es Jesús. Una de las realidades más escalofriantes es que un día juzgará mis motivos y mis obras (2 Co 5.10). Todos tenemos un nombre que no elegimos, y todos tenemos una vida que vivir. La manera en que vivimos en la tierra afecta nuestra eternidad. Cuando llegue el día, espero que mi lápida simplemente diga: «Amó a su esposa, amó a sus hijos, amó a la iglesia y vivió para Cristo».

¿Dónde se puede encontrar más de tus enseñanzas como continuación de este libro?

Tengo un sitio web de recursos que ofrece material en su mayoría gratuito (excepto libros, ya que las editoriales los venden). Puedes visitar www.forthegospel.org para equiparte con herramientas como artículos de blogs, videos de enseñanza, sermones, *podcasts* y libros. Además estoy activo en Facebook y Twitter (@costiwhinn para ambos).

APÉNDICE 2

Lecturas recomendadas

Aquí tienes algunos recursos que durante los últimos años me han ayudado a encontrar respuestas a las preguntas y a la confusión que me provocaron mis antiguas creencias falsas. Aunque esta lista no es exhaustiva, confío en que sirva de estímulo para quienes buscan respuestas. Seguiré recomendando recursos en los medios sociales y en www.forthegospel.org.

Libros que exponen la teología de la prosperidad y movimientos relacionados:

Prosperity? Seeking the True Gospel, de Ken Mbugua y Michael Maura

¿Salud, riquezas y felicidad?, de David W. Jones y Russell S. Woodbridge

Fuego extraño, de John MacArthur

Clouds without Water II, de Justin Peters (DVD)

Defining Deception, de Costi W. Hinn y Anthony Wood

The Confusing World of Benny Hinn, de G. Richard Fisher y M. Kurt
    Goedelman

Libros que explican las raíces históricas de la teología de la prosperidad:

Blessed, de Kate Bowler

The History of New Thought: From Mind Cure to Positive Thinking and
    the Prosperity Gospel, de John S. Haller Jr. y Robert C. Fuller

Libros que te ayudarán a entender la soberanía, el sufrimiento, la alegría, las pruebas y el mal:

If God Is Good: Faith in the Midst of Suffering and Evil, de Randy
    Alcorn

A Place of Healing: Wrestling with the Mysteries of Suffering, Pain, and
    God's Sovereignty, de Joni Eareckson Tada

Sea agradecido, de Nancy Leigh DeMoss

The Invisible Hand: Do All Things Really Work for Good?, de R. C.
    Sproul

Libros que te ayudarán a entender la naturaleza de Dios en la Biblia:

The Holy Spirit in Today's World, de W. A. Criswell

God the Son Incarnate: The Doctrine of Christ, de Stephen J. Wellum

Los atributos de Dios, de A. W. Pink

Libros que te ayudarán a entender la voluntad de Dios en cuanto a la sanación:

La promesa de sanidad: ¿es siempre la voluntad de Dios sanarme?, de
    Richard Mayhue

Libros que te ayudarán a entender la riqueza y la mayordomía:

Master Your Money, de Ron Blue

Managing God's Money, de Randy Alcorn

Tranquilidad financiera, de Dave Ramsey (incluye DVD)

Living with Wealth without Losing Your Soul, de Steve Perry

Libros que te inspirarán para defender con valentía la verdad:

Advertencias a las iglesias, de J. C. Ryle

Verdad en guerra, de John MacArthur

Despertando a la iglesia, de Charles R. Swindoll

Cómo perseverar hasta el final: claves para mantenerse firme en la fe,
    editado por John Piper y Justin Taylor

No podemos callar, de Albert Mohler

Libros que te ayudarán a encontrar una iglesia bíblica y a entender el evangelio:

Una iglesia saludable: nueve características, de Mark Dever

El plan del Señor para la iglesia, de John MacArthur

Conversion, de Michael Lawrence

El evangelio: cómo la iglesia refleja la hermosura de Cristo, de Ray
    Ortlund

Visual Theology, de Tim Challies y Josh Byers

Libros que te ayudarán a interpretar con fidelidad la Biblia:

Hermenéutica: entendiendo la palabra de Dios, de J. Scott Duvall y
    J. Daniel Hays

La interpretación básica de la Biblia, de Roy B. Zuck